LE COMPTOIR, LA PLUME ET L'ÉPÉE,

PAR

E. L. B. DE LAMOTHE LANGON,

Auteur de M. le Préfet, le Chancelier, et les Censeurs, etc., etc.

TOME SECOND.

PARIS.

LIBRAIRIE DE CHARLES GOSSELIN,

RUE SAINT-GERMAIN-DES-PRÉS, Nº 9.

M DCCC XXXIV.

LE COMPTOIR,

LA PLUME ET L'ÉPÉE.

IMPRIMERIE D'ÉVERAT,
Rue du Cadran, n. 16.

LE
COMPTOIR,
LA PLUME
ET L'ÉPÉE,

PAR

E. L. B. DE LAMOTHE LANGON

..... Ridentem dicere verum
quid vetat?
Rien n'empêche de dire la vérité en riant.
HORACE, *sat.* 1, *liv.* 1

TOME DEUXIÈME.

PARIS,
LIBRAIRIE DE CHARLES GOSSELIN,
RUE SAINT-GERMAIN-DES-PRÉS, N° 9.
M DCCC XXXIV.

CHAPITRE XX.

Regretter ce que l'on aime est un bien, en comparaison de vivre avec ce que l'on hait.

LA BRUYÈRE, *du Cœur.*

Comment une grande nouvelle est reçue.

Ce même jour, madame de Mareil dînait seule avec Apolline; elle n'avait pas songé à inviter Léopold, qui, de son côté, était également banni de la table de son oncle. Les deux amies se montraient tristes et rêveuses; mademoiselle de Trencavel pensait à son avenir, et l'intrigante, aux moyens de faire tomber la jeune fille dans le piége qu'on lui tendait. Ceci devenait une affaire d'amour-propre, il y a parfois plaisir ou émulation à faire le mal.

Ni l'une ni l'autre ne cherchait à soutenir une conversation languissante, et certes, leur maintien contrastait avec la vivacité, les cris, le tumulte qui avaient lieu dans la salle à manger voisine. Le dîner fut promptement dépêché, on rentra dans le salon; madame de Mareil alors, prenant la main de la jeune fille.

— Réfléchissez-vous maintenant, dit-elle, ou vous abandonnez-vous à une vague douleur?

— Je souffre, et n'ose jeter les yeux sur ma destinée.

— Et vous avez raison, il est d'autant moins agréable de s'en occuper dans certaines circonstances de la vie que, si nous y faisions bien attention, force nous serait de convenir que c'est notre propre volonté qui la trouble... Vous me regardez avec de grands beaux yeux bien étonnés, n'ai-je pas raison? Et dans votre cas, par exemple, quelle tête froide et calme comprendra que vous préférez une existence précaire, une passion incertaine dans ses suites, à un superbe établissement. Qui vous donnera gain de cause? Personne. Les torts, en apparence du moins, sont de votre côté.

— J'ai assez de fortune pour vivre indépendante, répliqua modestement Apolline, et rien ne m'entraîne à confier mon bonheur futur au marquis de Saint-Estève.

— Vous êtes de celles qui voulez de l'amour dans le mariage sans vous embarrasser du temps qu'il existera après; soit, on ne peut discuter des goûts; aussi bien n'aurez-vous aucun reproche à adresser aux autres, lorsque le malheur de ne plus aimer ou de n'être plus aimée vous frappera ?

— Et pourquoi cesserait-on de s'aimer? repartit Apolline avec feu.

— Pourquoi, ma chère amie? en vertu de la règle inflexible de la nature, qui veut un terme à tout, et qui prétend qu'il en soit desaffections d'un cœur ainsi que de la durée d'un empire.

Mademoiselle de Trencavel soupira, et ne répondit point. Madame de Mareil, après un instant de silence, poursuivit :

— En vérité, il me prend fantaisie de me montrer indiscrète et barbare, de vous prouver par pièces irrécusables qu'il n'y a rien de solide ici-bas. Sera-ce un service vous rendre? je ne sais, vous en serez peut-être malheureuse... n'importe, mon amitié me commande de ne rien vous cacher de ce qui éclairera votre intelligence : j'ai été la rivale de mademoiselle de Trencavel, ou plutôt la première en ligne ; on m'a quittée pour elle, cela devait être, je ne m'en plains pas ; mais qu'en retour on lui soit plus fidèle qu'à moi, c'est ce que mon expérience n'ose croire.

Ces mots à peine prononcés, et sans paraître remarquer l'agitation toujours croissante d'Apolline, madame de Mareil fut à son secrétaire, l'ouvrit, et d'une cassette de nacre et d'ébène, tira plusieurs lettres qu'elle lui remit ; c'était la correspondance galante de Rinaldi, des épîtres remplies, non d'une passion véhémente, mais où il y avait assez de galanterie pour torturer et remplir de jalousie un jeune cœur qui s'ouvrait à un premier amour ! L'intrigante examinait avec une attention maligne le chagrin, le dépit qui se peignaient sur les traits mobiles d'Apolline. Elle voyait avec joie les larmes dont ses yeux étaient noyés ; mais à l'extérieur, elle déguisait son plaisir sous une pitié feinte.

— Que vous semble de ces chiffons? eh bien! j'ai eu la faiblesse d'y croire, non pas long-temps, mais assez pour obtenir une preuve de plus que les hommes ne savent demeurer fidèles ; il se peut néanmoins que l'attachement de ce bel Italien ait été une sorte d'essai qu'il a voulu faire avec moi, avant de se mettre à vos pieds, aussi j'y ajoute peu d'importance ; je n'ai même pas rompu avec lui, et, s'il vous aime, cette tendresse sera certainement plus sincère et plus durable.

Les paroles manquaient à Apolline pour exprimer les sensations de son ame ; quand on aime pour la première fois, on a la prétention d'être aimée de la même sorte ; un cœur neuf n'admet pas qu'on ne lui soit semblable de tout point, il regarde comme un outrage toute passion qui a précédé celle dont il est l'objet, et se croit trahi parce qu'antérieurement on a parlé d'amour à une autre.

Mademoiselle de Trencavel était dans ce cas, la confidence qui venait de lui être faite brisait son ame, et la plongeait dans un désespoir amer; elle se reprochait de s'être confiée à un trompeur, à un volage, à un homme qu'il fallait haïr en retour de sa trahison, et, cette résolution prise, elle s'apercevait avec effroi qu'il ne lui serait peut-être point possible de le bannir de sa pensée. Le coupable était cher, malgré son offense, ou, il se pourrait encore, précisément en raison du crime commis : qui peut sonder le cœur humain dans ses abîmes profonds, dans ses caprices bizarres ? Apolline pleura, c'est une consolation que celles de son sexe ne repoussent jamais. Elle se taisait dans la crainte de prendre de trop forts engagemens avec sa colère.

Madame de Mareil, en intrigante consommée, ne disait rien non plus, afin de ne pas éveiller la défiance. Le trait empoisonné, une fois lancé et parvenu au but, il suffisait de lui laisser faire son œuvre. Elle se contenta de rassembler les quelques lettres dont Apolline s'éloignait avec dégoût, et de les jeter au feu ; ce fut un sacrifice fait avec indifférence, et néanmoins, le résultat d'un calcul profond. Apolline ne demanderait plus à les revoir, et, ne pouvant bien en apprécier la vivacité, elle leur prêterait une énergie que certes elles n'avaient pas, c'était d'ailleurs un conseil détourné pour commander un sacrifice pareil.

Un silence prolongé durait encore, lorsque l'on entendit ouvrir successivement diverses portes avec précipitation, et quelqu'un accourir d'un pas rapide. Madame de Mareil, qui avait fait défendre l'entrée de son appartement, s'étonnait que le portier eût oublié cette consigne ; elle s'en inquiétait... lorsque Saint-Estève parut ; il y avait sur son visage un mélange de joie et de regret qui frappa également Apolline et sa fausse amie. Lui, saluant à peine madame de Mareil, dit à la jeune fille, en s'inclinant à demi devant elle :

— Quoique je porte sans doute avec moi l'arrêt fatal de ma condamnation, je ne peux me retenir d'être le premier à annoncer à mademoiselle de Trencavel le changement prodigieux qui s'opère à cette heure-ci dans sa destinée ; je sais tout ce qui m'en reviendra de funeste ; mais, dans mon malheur, il me sera doux qu'elle monte à sa place naturelle.

A la suite de ce début, qui piqua la curiosité d'Apolline et de madame de Mareil, Saint-Estève raconta de point en point ce qui venait de se passer dans le salon de M. Morase. A mesure qu'il parlait, sa complice s'attachait à examiner le changement qui, selon son idée, devait se faire dans la contenance de mademoiselle de Trencavel, et à sa surprise extrême, au lieu de cet orgueil réveillé inopinément, de ce délire auquel une ame vulgaire se serait abandonnée, celle d'Apolline, uniquement frappée du coup précédent qu'elle avait reçu, apprit avec indifférence, avec dépit peut-être, ce passage rapide et inattendu de la médiocrité à une fortune peu ordinaire. Ce qui la toucha le plus fut le souvenir de son grand-oncle, et en même temps l'oubli qu'il paraissait avoir fait de Léopold.

Elle n'adressa pas d'autre question que celle sur ce qui avait rapport à son frère. Madame de Mareil se montra plus avide de détails, voulut tout savoir, et le contentement éprouvé par son espérance de profiter d'un tel prodige, reçut un rude échec, en apprenant que l'administration des grands biens abandonnés à mademoiselle de Trencavel demeurait sous la surveillance du chevalier de Lens, qu'elle n'aimait point, parce qu'elle savait n'en pas être aimée. Ce désappointement fut contenu sous la manifestation d'une allégresse bien jouée. Madame de Mareil, embrassant Apolline à diverses reprises, lui dit, lorsque *son saisissement* lui eut permis de s'énoncer :

— Enfin, ma chère, ma noble, mon excellente amie, vous rentrez dans votre rang, vous paraîtrez avec éclat dans le monde dont vous ferez le plus bel ornement. Oh! qu'il m'est doux de n'avoir pas attendu cet instant pour vous prouver mon amitié sincère! fière et susceptible, je me serais reculée, si je ne vous avais traitée jusqu'ici qu'avec indifférence, par bonheur que mon attachement a précédé votre triomphe : il ne vous sera point possible d'en douter.

Saint-Estève, beaucoup plus que mademoiselle de Trencavel, put apprécier l'artifice du discours de l'intrigante, qui en faisait une prise de possession du droit de diriger dorénavant sa *noble amie*. Il ne s'en tourmenta pas, certain qu'il était de rencontrer dans cette femme un auxiliaire qui ne l'abandonnerait pas. Lui l'imita, il s'extasia sur la satisfaction que lui causait le bonheur d'Apolline, et à son tour, demanda acte de l'offre qu'il avait faite de son cœur et de tous ses biens.

Mademoiselle de Trencavel, toujours distraite par le souvenir de la confidence qui pesait sur son amour, eut de la peine à s'en retirer pour répondre poliment au marquis de Saint-Estève et à madame de Mareil : le premier ne put rien conclure de favorable à ses projets de ce qui lui fut dit; la seconde obtint l'assurance agréable qu'Apolline ne songeait pas à se séparer d'elle, qu'au contraire elle demanderait à son nouveau tuteur de lui laisser la compagnie de la seule personne qui était venue à son aide lorsque ses propres parens la repoussaient.

— Ah! ne m'en ayez pas tant d'obligation, lui fut-il répondu, je cédais à mon inclination, à cette pente irrésistible qui nous entraîne à la sympathie que vous m'inspirez: vivre avec vous, partager vos peines, vos distractions, sera désormais mon vœu le plus... Non, non! je ne vous abandonnerai jamais; mes consolations vous auraient secouru dans le malheur. Ma prudence et mes conseils ne vous trahiront pas dans la prospérité.

Apolline, touchée de ce dévouement auquel elle croyait, parce qu'elle s'en croyait capable, remercia vivement madame de Mareil. Elle aurait voulu contenter aussi le marquis de Saint-Estève; mais ici la répugnance parlait contre lui, il comprit combien en ce moment sa position était critique, et il crut devoir prendre congé. Madame de Mareil sortit avec lui, l'accompagna jusqu'à l'antichambre, et, après avoir causé quelques minutes avec lui, revint auprès d'Apolline.

— Voilà, dit-elle en rentrant, un honnête homme bien à plaindre, à peine s'il conserve une ombre de raison ; il vous aime en insensé, il se flattait par ses soins et par vos réflexions de parvenir un jour, sinon à être chéri, du moins à être souffert, et maintenant la destinée renverse toutes les chances qui pouvaient lui être favorables. Ne vous inspire-t-il aucune pitié?

— Je le plains, dit Apolline, s'il connaît le véritable amour.

— En doutez-vous? non que lui non plus soit à sa passion première, vous ne rencontrerez celle-ci que chez les adolescens, et encore à leur sortie du collége, mais il sait apprécier les qualités, la vertu ; vous rendrez justice à son désintéressement, il a voulu vous enrichir lorsque certes la providence paraissait vous abandonner.

— Il est vrai, dit Apolline, et je voudrais en être plus que reconnaissante.

—Mon Dieu ! il ne prétend plus rien; que vous le souffriez, et il sera satisfait ; peut-être qu'en le comparant à la foule des avides dont vous allez être environnée, son mérite vous frappera plus particulièrement ; dans tous les cas, ne m'en veuillez pas, si, pour lui, je vous tourmente, si je plaide sa cause avec persistance. Vous savez ce que je fais à l'égard de mes amis... Que votre position va devenir brillante ! je jouis déjà de vos succès, de votre luxe, de votre importance ! Vous prendrez sans doute un hôtel pour vous seule?

— Ce n'est pas mon intention, repartit Apolline, je suis encore bien jeune, et la décence ne permet pas que je m'établisse en femme émancipée... Je désire ne point quitter cette maison, elle est assez vaste pour que mon oncle me cède un appartement, celui où j'étais ce matin. Mon frère d'ailleurs loge ici, mon second tuteur pareillement, vous aussi, madame ; enfin, les membres de ma famille maternelle.

— Ah! comme ils vous ont traitée, et vous leur pardonnerez?

— Ce serait être peu digne des faveurs du

ciel, répondit Apolline avec modestie, que de s'en targuer pour prendre letriste plaisir de la vengeance. Mon oncle est sûr de mes respects, et ses enfans le sont de ma tendre amitié, pour peu qu'elle leur soit agréable.

— C'est de la magnanimité, de la clémence jadis royale; peu vous imiteraient sans doute, mais vous serez parmi nous le type de la perfection la plus belle comme la plus sage.

Madame de Mareil fut ici interrompue par son valet de chambre, qui vint la prévenir de l'insistance du baron Malvière, du chevalier de L[illegible]as et de M. Denisal, qui voulaient, ditil, venir rendre leurs hommages respectueux à mademoiselle de Trencavel.

— Ainsi déjà, dit madame de Mareil, en s'adressant à celle-ci, on vous enlève au charme de l'intimité solitaire; j'en souffre, et néanmoins il ne vous est guère possible de refuser la visite de votre conseil de tutelle. Voulez-vous aller les recevoir dans le salon? Vous plaira-t-il que je vous accompagne?

— On ne saurait rendre trop d'honneur à d'aussi grands personnages, dit Apolline avec une gaieté factice, je suis d'ailleurs curieuse de me retrouver en présence du chevalier de Lens; il serait un de mes parens du côté de mon père, et lui, non moins que les autres, ne s'était pas soucié jusqu'ici de réclamer ce titre.

— C'est que les cœurs tels que le mien sont rares, ma céleste amie; aussi, à votre place, je ne mettrais que peu de confiance dans ces nouveaux adorateurs de ma fortune, et, entre eux, peut-être me reculerais-je davantage de ceux auxquels les nœuds du sang faisaient un devoir impérieux de venir à moi les premiers.

— Ce jour est tout d'amitié, répliqua mademoiselle de Trencavel, savez-vous que je suis en peine de la façon dont le général baron Malvière m'abordera; il y a longtemps qu'il me voit chez mon oncle, et à peine s'il me connaît; car il ne me parle jamais... Et M l'avocat Denisal, il déteste si sincèrement l'ancienne noblesse, contre laquelle il ne cesse de déclamer, que sans doute le choix de mon grand-oncle doit lui être désagréable.

— C'est ce que nous allons savoir, repartit

en riant madame de Mareil, vous voyez du moins que ces messieurs savent prendre patience. Vous plairait-il de donner vos ordres à mon grison, qui les leur transmettra?

— Je vais aller à eux, dit Apolline, et, s'il vous plaît, nous passerons dans votre salon.

CHAPITRE XXI.

Celui-là est vraiment noble qui dédaigne l'or pour n'aimer que la vertu.

Recueil de Maximes.

Deux Coeurs d'un autre siècle.

On aurait dit d'une princesse qui accorde une audience, à la réception qui fut faite à mademoiselle de Trencavel, lorsque pour la première fois elle parut devant son nouveau conseil de tutelle. Le domestique qui l'avait annoncée, la dame d'honneur marchant à sa suite, l'air respectueux de MM. Malvière et Denisal, tout cela faisait une illusion que démentait à peine la solennité malicieuse du chevalier de Lens; celui-ci, quoique investi de l'administration, suprême et sans appel, de la fortune concédée par le prince de Montalban, se tenait un peu en arrière, afin de contenter la vanité du général; on aurait dit qu'il était là par indulgence, à tel point il se faisait humble. Il aurait dû ouvrir la conversation, il n'en fit rien; le militaire en dignité en prit le soin, ce fut avec les expressions d'une adulation outrée qu'il instruisit mademoiselle de Trencavel de ce qu'elle savait déjà, qu'il la proclama la première parmi celles de son sexe, et qu'il flatta déjà ses caprices, en déclarant que son but unique serait de la satisfaire dans tout ce qui lui conviendrait. Il ne lui échappa jamais de s'appuyer de ses compagnons; lui seul, à l'entendre, conduirait les affaires de son illustre pupille, ce qu'il devait en reconnaissance de l'estime que lui manifestait son grand-oncle, l'altesse prince de Montalban.

La surprise du trio fut extrême en n'apercevant aucune émotion sur les traits gracieux d'Apolline, ou plutôt en y découvrant les indices d'une mélancolie intérieure, qu'une telle nouvelle ne pouvait dissiper. M. Denisal, persuadé que le baron Malvière n'avait pas été compris, s'empara à son tour de la parole, et fit observer à mademoiselle de Trencavel que, dès ce moment, elle se trouvait investie de six cent mille francs de rente. Il retourna cette phrase en plusieurs façons, de manière à prouver que dans son opinion rien n'était au-dessus des avantages de la richesse; il employa les expressions les plus fortes, non sans y mêler des formes de galanterie bourgeoise, à tel point il tenait à capter la bienveillance de son honorée pupille, comme il la qualifia.

Celle-ci répondit en termes polis et brefs, tant au général qu'à l'homme de plume; puis, s'adressant d'une façon particulière au chevalier de Lens, jusqu'alors silencieux :

— Monsieur, dit-elle, il m'aurait été doux que vous eussiez bien voulu établir entre vous, mon frère et moi ces rapports de famille auxquels il paraît que nous avions droit de prétendre; j'avais tant besoin de guides et de protecteurs, et votre expérience et votre amitié m'auraient été si nécessaires!

Le chevalier ne se hâtant pas de se justifier, le général reprit la parole :

— Soyez indulgente, noble demoiselle, dit-il, envers ce bon vieillard; le respect que vous lui inspiriez le retenait dans la manifestation de son attachement respectueux.

— En vérité, répliqua enfin M. de Lens, le baron Malvière dépeint à merveille la cause de la réserve d'un homme de mon âge envers une jeune fille comme vous.

— Une demoiselle, mon cher monsieur, dit à demi-voix, et d'un ton de reproche, l'avocat Denisal au chevalier de Lens.

— Tout comme il vous plaira, monsieur, lui fut-il reparti; quant à ce qui est de me justifier, ma pupille voudra bien me pardonner si je n'en prends pas la peine : j'ai peu l'usage de montrer tant de condescendance à si jeunette héritière, et j'espère le lui prouver de mieux en mieux.

— Dans ce cas, dit à son tour le général avec emphase, nous ne marcherons point par le même chemin, il me sera si doux de prévenir mademoiselle de Trencavel dans ses désirs, que ma vie entière s'écoulera à lui être agréable.

— Qu'elle me commande! et je lui obéirai avec empressement, se hâta d'ajouter M. Denisal.

— Et, qui peut concevoir la pensée de contredire cette perfection juvénile, dit à son tour madame de Mareil, mon excellente amie a tant de tact, de sagesse, de retenue.

— Et de prudence, et de courage, et de grandeur, se mit à déclamer le chevalier de Lens avec une malignité non déguisée, c'est une étoile resplendissante dont notre horizon va être orné, une déesse que les encensemens enivreront.

— Du moins, dit le général, l'enthousiasme de ses amis la dédommagera du persiflage de la causticité, et de la haine des envieux.

— La beauté, répliqua l'avocat, a toujours été reine!

— Et quand elle est unie à la vôtre, jusqu'où ne s'étend pas sa suprématie, s'écria madame de Mareil.

— Mademoiselle de Trencavel, reprit froidement le chevalier, ce matin vous étiez une petite fille très-insignifiante, ce soir vous plairait-il de nous apprendre de quel ciel il vous convient de descendre ?

Cette plaisanterie épigrammatique fit sourire Apolline, bien que la rudesse du chef de ces tuteurs lui parût sévère, ce n'est pas qu'elle approuvât l'adulation des autres interlocuteurs ; mais, trop en dehors des usages du monde, elle ne voyait là dedans que l'exagération de l'amitié. Elle demanda, dans son désir de changer de propos, si son frère connaissait les dispositions du prince de Montalban. Le chevalier répondit qu'il les ignorait encore, ayant été dîner hors de la maison, en vertu de la disgrâce à laquelle son oncle Morase l'avait soumis.

— Il est vrai, dit en soupirant le général, que la conduite de ce pauvre homme est inexcusable; il a eu la folie, pendant le repas auquel nous étions invités, de faire l'aveu de ses torts envers vous, mademoiselle.

—Et notre indignation..... ajouta l'avocat.

— Notre mépris de tels procédés..... reprit le général.

— Ah! pour ceci, s'écria le chevalier, il me semble...

M. DENISAL. Qu'il n'y a eu parmi tous les convives qu'une voix.

M. MALVIÈRE. Le blâme a été universel, quant à moi je me suis expliqué si vivement...

LE CHEVALIER. Que M. Morase a pu croire que vous l'approuviez.

M. MALVIÈRE. Le cher Denisal m'aura mieux compris que vous.

M. DENISAL. Oh! pour ce qui me concerne, j'affirme que, choqué des paroles de Morase, j'étais déjà déterminé à ne plus me rapprocher de lui avant que le choix glorieux qu'a fait de ma personne son altesse le prince de Montalban ne me fît un devoir de traiter en ennemi un aussi mauvais parent.

APOLLINE. En ennemi, monsieur! et pourquoi, s'il vous plaît? mon oncle a mis de la vivacité à vouloir à sa manière mon avantage et celui de mon frère; dois-je au fond lui en vouloir? telle n'est pas ma pensée. Je souhaite au contraire lui apprendre qu'il n'a rien perdu de ma tendresse et de ma reconnaissance.

M. DENISAL. C'est une ange!

M. MALVIÈRE. Quels beaux exemples elle nous donnera!

MADAME DE MAREIL. Elle sera inimitable!

Le chevalier seul se taisait, mais sa physionomie avait déjà perdu son expression sardonique, bientôt même elle peignit une joie sincère, lorsque Apolline eut fait connaître son intention de ne point changer de domicile; lorsqu'elle eut ajouté qu'avant d'accepter le don de son grand-oncle, elle souhaitait avoir une conférence particulière avec son frère. Moi, dit elle, je ne saurais être heureuse, si lui ne l'était pas avec moi ou par moi.

Ce propos, obscur pour le général et l'avocat, charma M. de Lens, qui en devina la véritable portée; il dit alors :

— Puisque ma chère pupille est plus clémente que tel roi de ma connaissance, je porterai avec plaisir ses paroles bienveillantes à ses parens maternels; vous vous conduisez, mademoiselle, en fille de qualité; car je ne vous accorderais pas ce titre si vous étaliez de l'orgueil ou une humeur vindicative. Placée désormais au plus haut rang de la société, tant par votre naissance que par vos richesses, sachez que pour vous y maintenir dignement, il faut l'exercice de toutes les vertus.

— Et, je les apprendrai sous vos inspirations, repartit Apolline, trouvant agréable un langage qui allait si bien à ses sentimens; mais sa satisfaction ne fut point partagée par ceux qui étaient là. Chacun se tourmenta de l'ascendant que l'autorité du chevalier paraissait prendre sur mademoiselle de Trencavel, et chacun *in petto* se promit d'ébranler ce crédit légitime. Il n'était aucun des assistans qui n'eût déjà une arrière-pensée, et une intrigue personnelle à vouloir conduire dans l'avenir.

Le chevalier fixa une heure pour le lendemain, où lui, ses deux conseillers et le notaire Dulion viendraient, afin de mettre mademoiselle de Trencavel à la tête de ses affaires, en lui faisant connaître en quoi consistait sa fortune, puis il se crut autorisé à prendre congé, et entraîna, presque malgré eux, le général et l'avocat, qui ne partirent cependant pas sans avoir réitéré à *leur noble pupille* les assurances de leur dévouement sans borne. M. de Lens promit d'envoyer Léopold auprès de sa soeur, aussitôt qu'il rentrerait.

Dès que madame de Mareil se trouva seule avec Apolline, elle recommença à la serrer dans ses bras avec une expression toujours croissante.

— Vous avez parlé comme la raison en personne, vous vous êtes montrée supérieure à votre bonheur. Où donc irez-vous à la suite d'un début aussi sublime?

—Je mérite peu ces éloges, repartit Apolline avec un redoublement de tristesse, il faudrait, pour en être digne, que je pusse attacher une haute importance à ces biens qui ont tant de prix aux yeux d'autrui; je ne trouve en eux aucun dédommagement des peines de l'ame ; et à quoi me servira la fortune, si le bonheur ne l'accompagne pas ?

— Eh ! bon Dieu, où le trouverez-vous, s'il n'est pas assis sur un coffre-fort ? Quoi ! ne le voyez-vous pas surgir au travers d'un luxe sans pareil : de loges à l'Opéra, et aux Bouffes, de tant de chiffons à la mode, d'un mobilier superbe, d'un domestique à l'avenant, et les courses au bois de Boulogne dans une voiture magnifique, avec un attelage enivrant, et les bals donnés ou cherchés, et les fêtes, et les hommages de toute l'Europe, et les respects des plus élevés, et l'envie de mille femmes. Voyez ensuite les caprices changés en lois sacrées, les fantaisies admises en droits acquis, le plaisir d'aller, de venir ; les voyages, les eaux thermales ; une course en Egypte, une station à Saint-Pierre de Rome, une ascension au Vésuve, une visite à la grotte de Staffa ou à celle d'Azur ? Faut-il ailleurs chercher le bonheur, lorsque l'on peut le rencontrer de tant de manières ?

Apolline secoua la tête en signe de doute ;

elle parut réfléchir, puis vouloir parler; elle hésita, rougit, et ses lèvres, déjà en mouvement, se refermèrent après qu'un soupir se fut échappé de son sein. Madame de Mareil comprit ce que signifiaient ces signes extérieurs, et s'approchant de mademoiselle de Trencavel, tandis qu'elle passait un bras autour de sa taille.

— Ma jeune amie, à quoi pensez-vous?

— Je voudrais, lui fut-il répondu avec autant d'hésitation que de trouble, savoir ce que pense de tout ceci...

— Qui donc, s'il vous plaît? demanda l'intrigante Eugénie, quoiqu'elle devinât parfaitement la cause de l'embarras d'Apolline.

— Le signor Rinaldi Fontoreza.

— Voilà le grand nom lâché, ainsi, lorsque vous ne devriez qu'être éblouie de votre situation nouvelle, vous ne vous inquiétez que de ce beau monsieur; tranquillisez-vous, il ne se montrera que trop tôt. Certes, celui-là, non plus que les autres, ne manquera pas de venir à vos pieds.

— C'est... par curiosité pure que je fais

cette question, reprit Apolline se remettant à rougir par le reproche de mensonge que lui adressait sa conscience.

— Oui, pure curiosité, répliqua madame de Mareil, je vois combien vous aurez besoin que mon amitié vous défende de votre propre faiblesse.

Apolline ne répondit pas. Sa nouvelle directrice essaya d'entraîner ailleurs son imagination, et se remit à disserter sur les avantages d'une richesse considérable. Elle aurait voulu à la jeune fille plus d'envie de briller; elle s'en consola en songeant qu'elle lui donnerait ses faiseuses de robes et de modes, ses ouvriers en tous genres, et que l'argent à dépenser passerait dans ses mains.

Léopold arriva sur ces entrefaites, il manifesta sa joie dépouillée de jalousie du bonheur qui venait chercher une sœur bien aimée. Celle-ci demanda à madame de Mareil la permission de parler en tête-à-tête à son frère, et passa, afin d'être plus libre, dans la chambre modeste qui lui était destinée avant que sa position changeât aussi triomphalement. L'intrigante vit avec inquiétude que sa présence ne fût pas absolument nécessaire à mademoiselle de Trencavel; mais la prudence, qu'elle consulta, lui fit entendre qu'il fallait témoigner d'abord beaucoup d'abandon, afin de ne pas alarmer la fierté naturelle d'Apolline. On aime à se laisser diriger par une amie; il est rare qu'on supporte le despotisme de qui manifeste la volonté de nous mener.

Dès que mademoiselle de Trencavel se trouva seule avec Léopold.

— Eh bien! dit-elle, que te semble de ce miracle qui tombe sur nous?

— Tu le mérites, Apolline, j'en ai autant de joie que de surprise. Quant à moi, poursuivit-il en riant, je peux aussi obtenir les dons de la fortune, et une lettre écrite de ce matin, et que tantôt on m'a remise, me l'annonce pareillement: une personne m'offre de me placer, à titre de chef, de seigneur et d'époux à la tête de ses rentes, terres et actions sur divers établissemens, si je veux d'abord l'enlever pour l'épouser ensuite, et ceci, dans le but unique de désespérer madame sa mère.

Léopold en même temps donna à sa sœur la lettre qu'il analysait. Apolline jeta d'abord un regard sur la signature *Ehlmonde Robin*, puis elle la lut à haute voix; ses yeux en même temps demandèrent l'explication de ce qui était pour elle une énigme inconvenante. Léopold la lui donna. Elle apprit alors que la colère de leur oncle à son égard provenait de ce que lui, Trencavel, avait refusé de prendre pour femme la veuve Robin. Il raconta les détails de l'entrevue de la veille; le rôle qu'Ehlmonde y avait joué, et d'où, sans doute, lui était venue l'idée de sa proposition indécente.

— Je dois, poursuivit Léopold, rendre à cette demoiselle la justice de croire qu'elle s'offrait à moi avant de savoir ce que la providence a fait pour toi.

— Pour nous deux, cher Léopold, dit Apolline, penses-tu que je voudrais tant de biens si tu ne les partageais pas avec moi? Le caprice de notre grand-oncle paternel semble t'exclure de son héritage. Il me procure le plaisir de réparer son oubli. Tu dois regarder comme à toi dès ce moment la moitié des six cent mille francs de rente qu'il me destine. Le nom que tu portes, et dont je m'honore, te commande de ne pas me refuser.

—Tu es une étrange fille, dit Léopold en posant un baiser sur le front de sa sœur; tu disposes de ta fortune comme si tu partageais un fruit. Nous sommes pourtant en bon lieu pour que tu aies pu apprendre ce que valent les napoléons et les billets de banque. Ici d'autres que toi, au lieu de distraire un sou de cette somme énorme, songerait plutôt à l'augmenter.

—Et toi, non moins extraordinaire que ta sœur, tu acceptes ce qu'elle t'offre, comme elle le recevrait de ta main si tu le lui présentais.

—Sois assurée, chère Apolline, qu'une fierté déplacée ne me portera pas à ne pas vouloir être riche de ta main; mais faut il te presser de traiter entre nous cette matière délicate? le temps nous manquera-t-il pour nous en occuper?

—Il est certain, repartit presque gaiement mademoiselle de Trencavel, que je ne me coucherai point satisfaite si je ne suis à moitié ruinée.

— Et moi je dormirais mal avec le poids assommant de trois cent mille livres de rente, posé sur mon cœur.

— Oh! Léopold, tu as de l'orgueil, et tu manques de tendresse.

— L'accusation a tort sur l'un et l'autre point. Je ne m'oppose à rien, je demande seulement un peu de répit. Il semblerait au commun des hommes que j'ai usé de mon influence.... Dieu est cependant le témoin que je n'y songe guère. Tu veux que je sois riche, Apolline? eh bien! j'y consens. Demain, un autre jour, nous réglerons le mode et la quotité; aujourd'hui, occupons-nous seulement de la joie que doit nous inspirer ce premier retour à nous d'un membre illustre de notre famille.

— Nous gagnons à la fois deux parens, le prince de Montalban et le chevalier de Lens. Je ne connaissais guère ni l'un ni l'autre.

— Du premier, à peine si on nous en avait parlé dans notre enfance; le second ne doit tenir à nous que par une de ces alliances éloignées qui sont si communes dans les maisons anciennes. Au demeurant, je soupçonneque, s'il ne nous a rien dit de particulier à l'avenir, il n'a fait que se conformer aux intentions du prince, et que c'est par sa volonté qu'il sera venu se loger dans cette maison.

La conjecture de Léopold parut plausible à Apolline, qui insista derechef pour que son frère ne remît pas au lendemain son acceptation des domaines dont elle voulait l'investir, ignorant que, mineure encore, elle ne pouvait disposer d'aucune de ses propriétés. Léopold le savait et ne s'en tourmentait guère. Il appartenait à une de ces races généreuses qui, avant l'argent, voient le désintéressement et l'honneur. Léopold dit ensuite :

—Pauvre créature, que tu vas être tourmentée ! Combien de piéges te seront tendus,

—A moi?

—A toi, chère amie ! On voudra venir à ta fortune en trompant ta raison, en égarant ton cœur; et toi-même, peut-être, seras d'intelligence avec un de ceux qui te conduiront vers le piége tendu à ton inexpérience.

—Qui, moi ? dit Apolline en baissant les yeux.

—Oui. Déjà n'as-tu pas cédé à un entraînement involontaire. Le refus que tu as fait d'épouser le marquis de Saint-Estève provient-il de l'éloignement seul que cet amant t'inspire ? Un autre motif....

—Léopold, répondit Apolline d'une voix sourde mais ferme, sois sans crainte, ta sœur aura toujours assez d'empire sur son ame pour la guider dans le chemin de l'honneur. Jamais je ne te donnerai un frère dont tu aies à rougir; et, quoi qu'il arrive, je jure de ne prendre un mari que de ton choix.

—Tu es digne de ta race, répliqua Léopold, en pressant de nouveau Apolline dans ses bras, il n'y aura pas moyen de te quereller de ton heureuse étoile, puisque tu sais si bien faire la part des convenances sociales. Ce n'est pas tout que de satisfaire ton cœur, il faut encore que dans l'avenir on ne rougisse pas de celui qu'il a voulu prendre; que d'un amant avant le mariage on puisse faire un ami, lorsque l'hymen a calmé le délire des sens.

—Léopold, tu es un vrai philosophe, et pourtant tu crois en notre sainte religion.

—Je serais bien malheureux que l'étude approfondie de la sagesse me menât vers l'impiété. Est-on meilleur citoyen lorsqu'on renie les croyances du catholicisme? Est-il des vertus que l'on apprenne en s'éloignant de la loi du Christ? Je suis bien jeune, et pourtant je ne vois autour de moi, parmi les incrédules, que des hommes à morale relâchée, qui n'ont pas plus de foi politique, qui changent de serment d'amour, de culte, de patrie, selon leur intérêt et leur ambition : le chrétien, au moins, a dans son prétendu fanatisme une ancre de sûreté, en laquelle il se fonde; il est des règles invariables pour lui, des principes fixes, des devoirs dont aucune capitulation de conscience ne peut le détacher. Il a un roi légitime, des frères d'armes dont il ne se détache pas; aussi plus j'irai et moins je m'affaiblirai dans cette soumission à la religion révélée qu'on me montre mieux.... Cela est impossible, vois à la place ce qu'on a mis, l'*Église française*, le *saint-simonisme;* et un docteur-médecin devenu le grand maître de l'ordre du Temple restauré?

Apolline écouta son frère avec une joie indicible : elle avait conservé de sa mère des sentimens pieux, qui la consolaient. La famille de son oncle, tout abandonnée aux idées nouvelles, pratiquait peu les devoirs du catholicisme. Apolline aurait souhaité trouver dans sa cousine une émule vers la prière et le recueillement. Astasie, au contraire, infatuée des rêveries du père Enfantin, aspirait à se faire proclamer la femme forte, et le ridicule ne laissait pas que de ternir sa pureté de jeune fille.

Il était doux pour mademoiselle de Trencavel d'entendre Léopold se déclarer aussi franchement pour la cause de Dieu, et il en résulta qu'elle se sentit encore plus portée à se guider d'après ses avis.

Ils convinrent tous les deux que, mettant

de côté tout souvenir hostile des sentimens que ce même jour, et la veille aussi, leur avait fait essuyer la famille Morase, ils tenteraient de se rapprocher d'elle.

— Notre position désormais nous assure trop d'indépendance, dit Léopold, pour avoir à craindre le retour de quelques mauvais procédés. Je suis assuré que l'on nous laissera agir selon notre volonté. Dès lors ne nous séparons plus de nos parens, de manière à laisser croire que nous n'avions été à eux que contraints par la nécessité.

— Eh bien! répondit Apolline, avant l'heure du déjeuner tu viendras me chercher, et nous irons ensemble assurer mon oncle, sa sœur et Astasie, que notre cœur leur est toujours ouvert.

Ici l'heure avancée détermina le moment de la retraite de Léopold. Il sortit de chez Apolline pleinement satisfait de la sage résolution de sa sœur, et ayant encore la pensée de consulter le chevalier de Lens, afin de régler ensemble la conduite que l'on tiendrait envers Rinaldi Fontoreza, dont à tout prix il fallait obtenir l'éloignement.

CHAPITRE XXII.

.... *Res amicos invenit.*
Avec la fortune les amis viennent.
PLAUTE, *Stichus*, acte I, scène 1.

Comme beaucoup pensent aujourd'hui.

M. Morase aurait bien voulu qu'au moment même où, par un de ces coups du sort si peu communs, sans pour cela qu'on doive douter de leur réalité, sa nièce passait d'une existence très-médiocre à une fortune peu ordinaire, ses nombreux convives se fussent retirés discrètement. Il se sentait le besoin de se retrouver avec lui-même, de réfléchir sur ce qu'il devait faire dans la circonstance présente, où les événemens tournaient contre sa prévision.

Non-seulement aucun des invités ne partit, mais encore, et attendu que c'était un jour de soirée chez l'industriel, une foule de fâcheux arrivèrent, et tous, apprenant ce qui s'était passé, félicitèrent les Morase sur le bonheur de leurs proches et sur les avantages qu'eux-mêmes en retireraient, aucun n'ayant connaissance des scènes de la veille et du matin, et surtout de la manière dont cette famille avait rompu, avec autant de dureté que de peu d'à propos, avec celle des Trencavel. Le sieur Grimauret, par exemple, entraînant le maître de la maison à l'écart :

— Savez-vous, Morase, dit-il, que les six cent mille francs de rente de votre nièce augmentent votre crédit de plus de six millions? Quant à moi, si j'étais à votre place, je ne balancerais pas à augmenter de douze, de quinze millions même le roulement de mes affaires, afin que si plus tard un malheur devient nécessaire, les débris, du moins, me permissent de me retirer honorablement.

Morase ne répondit pas. Était-ce parce qu'il aurait eu trop à dire? Grimauret poursuivit :

—Vous pouvez en outre gagner immensément en mariant votre nièce à un époux de votre choix. Je me charge de trouver un amateur qui vous fera sur la dot une remise de dix-huit cent mille francs, au moins, et qui se chargera, en outre, de payer mon droit de courtage. Voulez-vous que je me mette en campagne?

—Bien obligé, répondit le négociant, mais cela ne presse pas : ma nièce est très-jeune ; d'ailleurs je n'ai point sur elle toute l'autorité que me donne mon titre de tuteur. Ce vieux chevalier de Lens peut jouir des revenus jusqu'à la majorité sans rendre compte; et ensuite, il y a le général Malvière, et Denisal, l'avocat, qui ne sont pas gens à laisser passer le gâteau devant leur bouche sans vouloir en tâter.

—C'est très-désagréable ; car, enfin, plus

vous serez à partager, moins la portion sera belle. Mais ne pourriez-vous faire un procès à ces trois gaillards? vous le gagneriez, certainement, chacun ayant besoin de faire une affaire.

Morase, qu'une nouvelle idée frappait, éluda de prendre un engagement qui lui souriait au fond. La conférence fut rompue par l'intervention du courtier Ronal. Celui-ci avait aussi un *plan de campagne* à proposer (selon son expression), et dirigé pareillement contre la fortune de mademoiselle de Trencavel. On aurait dit que, dès le moment où on l'avait connue, il devenait nécessaire qu'elle tombât aux mains de spéculateurs avides et d'intrigans sans pudeur.

Pendant ce mouvement, Urbain Morase, retiré à l'écart, continuait à se quereller avec une véhémence extrême. Il se reprochait le dédain, l'abandon dans lequel il avait jusque-là laissé sa cousine, combien une conduite plus adroite l'aurait mieux servi; pourrait-il réparer celle qu'il tenait encore quelques momens avant la nouvelle survenue d'un tel accroissement de bien, serait-il en mesure de détruire les obstacles que lui-même avait pris soin d'élever, soit par ses procédés indifférens, sinon hostiles, soit en encourageant le duc de Minotaro dans son amour, dont Apolline était l'objet.

Tandis qu'il s'adressait ces questions ardues, problèmes véritables et très-pénibles à résoudre, ses yeux aperçurent l'un des objets de son inquiétude, Rinaldi Fontoreza, qui, depuis qu'on était sorti de table, avait pris place à un angle du salon, plongé dans une mélancolie rêveuse. Rien ne l'en retirait, ni le bruit des convives, ni les félicitations des survenans, ni ce tumulte inséparable d'une cause extraordinaire, qui retire soudainement une société de son état habituel. Il avait entendu, avec un chagrin inexprimable, les faveurs dont la providence comblait Apolline; il aurait souhaité que celle-ci, au lieu d'arriver à une si haute fortune, fût tombée dans une position pécuniaire plus humble que celle où elle se trouvait déjà.

Ce coup du destin renversait un plan de conduite tracé à l'avance, suivi avec opiniâtreté, et qui maintenant ne présentait presque que des chances défavorables. Rinaldi accusait le ciel d'un tel malheur, pestait contre l'idée intempestive du prince de Montalban; en un mot, se désolait en fou par excellence. Il y avait en ce jeune homme un fond romanesque, une exaltation de pensée, une délicatesse outrée dont rien n'approchait dans le commun des hommes. Il prétendait être aimé pour soi. Il cherchait les moyens de se satisfaire dans cette envie; et, à l'heure où il se flattait de réussir, un incident importun renversait tous ses calculs, et le plaçait dans une situation pénible.

Que faisait-il, maintenant? Etait-il raisonnable qu'il persistât à se présenter au rang des adorateurs sans nombre dont mademoiselle de Trencavel allait être environnée. Hier encore, en lui parlant de son amour, il pouvait faire preuve de désintéressement; aujourd'hui, la chose changeait de face, et il serait facile aux indifférens de le confondre désormais parmi les avides et les ambitieux. Ceci le désespérait. Il craignait les réflexions de la jeune personne, la légèreté de son âge, les enivremens de sa nouvelle position.

Ce qui consolait un peu Rinaldi, c'était que du moins il avait devancé, par la manifestation de sa tendresse, cette richesse fatale, que tant d'autres idolâtraient; que le reproche d'être autant épris du bien que de la personne ne pourrait lui être légitimement adressé; mais était-il admissible qu'une sorte de commis et de fils de marchand se mît en ligne pour prétendre à la main d'une noble et riche héritière? Non, sans doute, les préjugés, l'usage du monde s'y opposaient, et cependant il sentait que le bonheur de sa vie tenait à la possession d'Apolline. Ce fut alors que, pour la première fois, il regretta la bizarrerie de son caprice, le rôle que volontairement il s'était mis à jouer, lorsqu'il aurait pu.... Il s'arrêta, se querella avec amertume, et puis, se rappelant les qualités précieuses et relevées de sa maîtresse, il s'écria mentalement :

—Elle a soutenu la mauvaise fortune! espérons qu'elle ne supportera pas moins bien le fardeau si lourd de la bonne!

Ce fut en ce moment qu'Urbain Morase fit attention plus particulièrement à Rinaldi. Ce Rinaldi, cette autre pierre d'achoppement, qu'il avait placé lui-même sur son propre chemin, cette vue lui renouvela le souvenir de ses imprudences; elle lui rappela ce qui devait le mieux torturer son amour du gain. Peu de jours auparavant, il aurait pu détourner cet obstacle, en le dirigeant vers Astasie, non à ce titre, mais au contraire en aide et en appui.

Urbain connaissait trop le cœur des femmes pour douter que celui d'Apolline refusât l'hommage du Napolitain, lorsque Rinaldi, quittant son incognito, se montrerait sous son nom véritable, et décoré de son titre féodal ; la chose arriverait, certes, très-prochainement, car il était improbable que le duc de Minotaro, instruit comme tout Paris des biens survenus à mademoiselle de Trencavel, persistât à conserver un incognito, qui, désormais, lui serait plus désavantageux qu'utile. Il le jugeait d'après sa façon personnelle de voir.

C'est en général ce qui presque toujours

nous trompe à l'encontre des autres, chacun s'obstine à les faire, comme Dieu, à notre image et à notre ressemblance exacte; nous leur prêtons nos vues, nos passions, nos sentimens, notre règle de conduite; on manœuvre en conséquence, on les tourne comme on sent que l'on se laisserait tourner, et au bout de tant de ruses et d'intrigues, basées sur la connaissance de notre propre caractère, nous sommes dupes d'une erreur dont il aurait fallu se méfier. Tout homme a des impulsions différentes et qui lui sont particulières. Il faut tâcher de les deviner avant d'agir contre lui; car se flatter qu'il pense comme nous, c'est se placer dans une illusion dont la conséquence est à notre désavantage.

Urbain crut devoir, dans la circonstance, se rapprocher de Rinaldi, afin, se dit-il, de s'insinuer dans sa confiance, et par là de mieux arriver à le jouer en sûreté. Il alla donc vers lui, et prenant texte du nuage sombre dont sa physionomie était couverte.

— Qu'est-ce? lui dit-il; formeriez-vous

le projet de retourner seul à Naples, maintenant que les galions arrivent à Paris ?

— C'est bien, lui fut-il répondu, quelque chose d'à peu près semblable. Me voici maintenant bien loin de mademoiselle de Trencavel. Le fils d'un marchand....

— Eh bien! que prétendez-vous dire par là? repartit Urbain, non sans aigreur, car cette tournure de phrase sonna désagréablement à son oreille : est-ce qu'un fils de marchand est moins qu'un noble.

— Il me semble que votre cousine, dans sa position actuelle, peut choisir un mari dans les rangs les plus hauts de la société.

— Et dès lors, vous vous retirez ?

— Un fils de marchand....

Et une vive douleur ajouta son impression pénible au chagrin qui déjà couvrait le visage de Rinaldi. Urbain, surpris de cet aspect, qui, selon lui, ne pouvait être le résultat d'un dépit véritable, puisque Rinaldi était, non un homme de peu, mais le riche et noble duc de Minotaro, se demanda, à part soi, si la chose était bien vraie, si on n'aurait pas trompé madame de Mareil, soit par calcul, soit par le fait d'une ressemblance possible à rencontrer. Oh! si cela était! si, au lieu d'avoir devant lui un grand seigneur, Urbain n'y avait qu'un simple industriel, apte tout au plus à posséder un jour une maison de commerce médiocre dans son extension, ce serait trop de bonheur. Mais comment s'en assurer? en faisant soi-même le voyage de Naples? et cela ne pouvait avoir lieu, au moment où, au contraire, il importait de ne pas se séparer d'Apolline. Urbain, indécis, se contenta de répondre que quelle que fût la condition des soupirans antérieurs de sa cousine, l'état brillant où celle-ci parvenait devait nécessairement renverser bon nombre d'espérances, en ajourner d'autres; que sans doute la main de mademoiselle de Trencavel serait disputée par des millions de concurrens. Enfin, il exagéra les choses, dans la pensée de décourager Rinaldi. Il ne put savoir s'il avait réussi dans sa manœuvre. Le jeune Italien se maintint au ton de tristesse qu'il avait déjà. Urbain s'étonna seulement que, dans l'occurrence présente, il ne réclamât pas de lui le secours déjà promis. Rinaldi n'y songea point, il y avait en son ame trop de délicatesse et de fierté.

Enfin la compagnie se retira. Les Morase se trouvèrent seuls. Ils avaient fort remarqué le fait du non retour vers eux du chevalier de Lens, du général et du jurisconsulte. C'était annoncer qu'on prétendait ne pas marcher de concert avec eux, et séparer le cas de la tutelle légale de celle tout officieuse, exercée au nom du prince de Montalban. Les Morase, accablés de leur mauvaise fortune, s'entre-regardèrent pendant quelque temps avant que de pouvoir parler.

Astasie, ayant d'abord surmonté son premier dépit, s'y abandonna de nouveau dès que la contrainte ne fut pas nécessaire. Alors des pleurs recommencèrent à couler avec abondance de ses yeux. Son ame, haute et mesquine, supportait avec désespoir le bonheur de sa cousine.

Il fallait se résoudre à contempler désormais, dans la situation la plus brillante, cette humble et pauvre Apolline qu'on s'était tant attaché à abaisser. Que serait mademoiselle Morase, même avec sa grosse dot, auprès de la triomphante duchesse ou princesse de Trencavel ; car dorénavant tous les titres possibles pouvaient appartenir à celle-ci. Il faut être fille de marchand parvenu pour concevoir la véhémence d'un crève-cœur pareil. C'est un supplice tel que l'enfer en réserve aux grands coupables ; et il est d'autant plus poignant, qu'on se l'inflige à soi-même.

Astasie, donc, n'était pas pressée d'épancher la bile qui la dévorait, lorsque sa tante, prenant la parole :

—Quant à moi, dit-elle, mon parti est pris. J'ai toujours aimé, soutenu, respecté mademoiselle de Trencavel. J'ai rendu justice à ses vertus, à ses qualités précieuses. Elle le sait, et en retour elle m'affectionne et m'estime. J'irai donc dès demain la féliciter, la conjurer de me conserver sa tendresse, et lui offrir de me mettre à la tête de sa maison. Une femme... là... raisonnable...

d'un âge presque mûr, lui est nécessaire. Mieux vaut que ce soit moi qu'une étrangère. La place me sera douce, en ce qu'elle me procurera les moyens d'admirer de plus près cette céleste amie.

— Vous seriez capable, ma tante, de vous ravaler aussi bas? s'écria Astasie, rougissant de colère.

— Il me semble, répliqua la veuve, qu'il y a autant d'honneur que de profit à se rapprocher d'une personne de qualité : je lui suis d'ailleurs tant attachée!

—Cela n'est pas vrai! poursuivit Astasie, avec encore plus d'impétuosité; vous avez toujours haï Apolline, vous l'avez accablée de marques de mépris; et ce matin, pas plus tard que ce matin, là, dites comment vous l'avez traitée?... L'aura-t-elle oublié, en si peu d'heures?

—Eh bien! si elle se fâche, je lui demanderai pardon.

—A ses genoux, peut-être?

—Pourquoi pas? si j'ai eu tort?

—C'est être trop flatteuse, trop basse....

— Te tairas-tu, démon? dit à son tour M. Morase, en s'adressant à sa fille. Et pourquoi, s'il te plaît, ne tâcherions-nous pas de nous réconcilier avec d'aussi proches parens? Voilà ma nièce richement dotée. Certes, si son grand-oncle a tant fait pour elle, qui n'est qu'une femme, que ne fera-t-il pas pour son neveu. Or, puisque les enfans de ma belle-soeur sont destinés à remplir un si beau rôle dans le monde, je ne vois pas pourquoi nous nous séparerions d'eux.

— Voilà parler en homme sage, dit la veuve, je reconnais mon frère à ces beaux sentimens. Oui, nous devons tous pardonner à Apolline et à Léopold, bien vivre avec eux, ce qui nous procurera de l'agrément et du profit... Réfléchis, Astasie, à la haute société dans laquelle nous entrerons, à l'aide d'Apolline. Les femmes de qualité, qui ont oublié la pauvre orpheline, se rapprocheront de la riche héritière. On l'invitera, et nous aussi; tu entreras aux cercles de la noblesse; tes bonnes amies en sècheront de jalousie, et la petite Robin en tête.

Astasie fit un mouvement d'impatience,

mais ne le renforça par aucun propos aigre, déjà, elle aussi, écoutant les avis de la vanité, capitulait avec sa colère. M. Morase se déclara partisan d'une paix à tout prix; il en régla les préliminaires. Sa sœur et sa fille iraient le lendemain matin surprendre Apolline encore couchée, et tâcheraient de se bien remettre avec elle; Urbain viendrait plus tard, et lorsque la toilette de mademoiselle de Trencavel serait achevée; enfin, M. Morase attendrait la visite de sa nièce, si celle-ci oubliait sa juste rancune; ou irait s'excuser dans le cas où Apolline se prétendrait par trop offensée.

Le cérémonial ainsi décidé, M. Morase souhaita le bonsoir à sa famille, et rentra dans sa chambre, suivi de son fils, avec qui il conversa encore long-temps.

Astasie passa chez sa tante, et ici, une autre conférence eut lieu. Le sujet ne manquait pas d'importance; il s'agissait de savoir si mademoiselle Morase se maintiendrait dans sa passion malheureuse pour Rinaldi Fontoreza, duc de Minotaro, ou bien si elle essaierait de toucher le cœur de son cousin Léopold.

CHAPITRE XXIII.

Aurum omnes victa jam pietate colunt.
L'or est aujourd'hui la seule divinité qu'on encense.
PROPERCE, livre III, élégie II.

Le bon Parent.

Apolline ne trouva pas le sommeil dont elle avait tant besoin. La succession rapide des événemens de la journée, les chocs divers reçus par son ame, l'incertitude de l'avenir, la promesse faite à Léopold, le souvenir de Rinaldi, la connaissance de ses engagemens antérieurs avec madame de Mareil; tous ces points venaient successivement allumer l'imagination de la jeune fille, et changer un lieu de repos en une place de torture véritable.

L'ame, quand elle reçoit de fortes impressions, s'agite, se tourmente, quoi que fasse la raison pour la calmer; impatiente de connaître ce qui n'est pas encore, elle se livre à des conjectures variées; elle recherche son destin où elle ne le rencontre pas : ce désappointement l'impatiente, l'irrite, l'enflamme, et devient la source d'un chagrin sans base réelle, et cependant bien cruel.

Telle était la position nocturne de mademoiselle de Trencavel, qu'avec promptitude et satisfaction elle aurait échangé la fortune qui lui survenait pour le contentement intérieur disparu naguère; que la certitude d'un amour fidèle de la part de Rinaldi aurait eu plus de prix à ses yeux que les richesses dont on la comblait. Il y avait des momens où le dépit lui conseillait une vengeance extravagante; celle qui l'aurait punie, elle-même, de la faute d'autrui, et qui eût consisté à accepter les soins du marquis de Saint-Estève.

Cette pensée ne se soutint pas. Apolline ne pouvait pencher tout à coup vers un homme qui lui était désagréable ; elle s'y refusa, mais en même temps conçut le projet fatal de se servir de ce personnage pour punir Rinaldi de sa trahison anticipée ; d'ailleurs était-ce Rinaldi qu'elle épouserait ? Non, sans doute. L'engagement pris avec Léopold ne lui en laissait plus l'espérance. Rinaldi pourrait-il se placer jamais de manière à attirer vers lui les nobles parens de mademoiselle de Trencavel ? Serait-ce en passant sa jeunesse dans l'obscurité d'un comptoir que cet amant se rendrait digne d'elle ? la chose n'était point présumable, et cependant Apolline s'opiniâtrait à s'en occuper. Il en résulta que la nuit tout entière s'écoula sans que les paupières de la jeune fille se fussent fermées. A peine, vers les approches de l'aube, la fatigue la plongea-t-elle dans une espèce de cauchemar pénible qui ne pouvait pas être pris pour du sommeil.

Cet état de somnolence fatigante dura peu. Apolline, lorsqu'il se dissipa, se ressouvint que son frère ne tarderait pas à venir la prendre pour aller ensemble chez les Morase, et elle voulut qu'à son arrivée Léopold la trouvât prête; elle se leva, et, selon son usage, elle s'habillait seule, lorsque l'on heurta discrètement à la porte de la chambre. Apolline s'imaginant que ce pouvait être madame de Mareil, s'empressa d'ouvrir... Sa surprise fut extrême de se trouver en présence de sa cousine et de madame Doussel.

La première témoignait, par son émotion, le combat que se livraient son orgueil et la conscience de la démarche humiliante qu'elle faisait; la seconde, entièrement indifférente à ces susceptibilités d'amour-propre, parce qu'elle manquait de délicatesse, ne laissait voir que la crainte d'être mal reçue, et ceci, en vertu de la connaissance de ce qu'elle-même aurait fait en pareil cas, déterminée néanmoins à tout affronter pour arriver à son but. Elle entra, essayant de donner à sa physionomie une expression de joie, et les bras tendus vers Apolline :

— Oh ! chère demoiselle, qu'il me tardait de vous féliciter sur votre heureuse chance; si parfois je vous ai paru rude, c'était par mon vif désir d'assurer votre bonheur en vous contraignant à faire un riche mariage. Eh bien ! mon intention ne me rassure pas sur ma faute ; j'ai été coupable, je vous en demande pardon très-humblement.

Apolline souffrait pendant que cette phrase était débitée avec emphase. Elle se hâta d'embrasser madame Doussel, en lui disant qu'il fallait oublier le passé, et témoigna pareillement à sa cousine la satisfaction qu'elle avait de la voir.

— Vous m'avez devancée, dit-elle, j'attendais l'arrivée de Léopold pour aller avec lui présenter à mon oncle, et à vous, madame, mes respects.

— C'est que vous êtes une créature généreuse, répliqua la veuve... Parle donc, Astasie, réclame aussi pour ta part l'indulgence de mademoiselle de Trencavel.

— Dites plutôt mon amitié, répartit Apolline, ma cousine doit être certaine de l'affection que je lui porte.

Astasie confuse, embarrassée, flagellée par une grandeur d'ame dont elle aurait été incapable, ne pouvait se résoudre à prendre part à la conversation. Elle haïssait d'autant plus sa parente, qu'elle était forcée de reconnaître sa supériorité. Cependant elle finit par balbutier quelques mots sans liaison. Apolline les écouta à peine, s'efforçant de remettre entre ces deux femmes et elle une partie de la familiarité qui avait existé jadis.

La rendre complète devenait impossible. La veuve ne pouvait détourner les yeux de l'abîme énorme creusé entre elle et la position nouvelle de mademoiselle de Trencavel; et Astasie appréciait trop le malheur qu'elle avait tenté de faire à sa cousine pour pardonner à celle-ci d'y avoir échappé; d'ailleurs elle voyait une insulte cruelle dans cette magnanimité qu'elle taxait d'être peu sincère. Il lui faudrait du temps pour la bien juger, et pour la souffrir dans sa franchise.

Madame Doussel croyait que le plus important alors était de ne pas se montrer ni déconcertée ni trop éblouie, c'est-à-dire ce qu'elle était positivement, en conséquence, elle parlait à tort et à travers, cherchant à se replacer dans une intimité sans bornes, ce qui ne pouvait plus avoir lieu.

Les personnes qui manquent de tact se livrent à tout ce que ce défaut leur suggère : on ne peut réparer les torts par de la familiarité, et se former des droits de ce qui est tout au plus une prolongation d'offense.

Léopold arriva sur ces entrefaites, il fut suivi peu après d'Urbain, qui, paré comme une châsse, ne sut trouver de termes à sa fantaisie qui pussent rendre la joie qu'il éprouvait des bons procédés du prince de Montalban, en faveur de sa petite-nièce. Celle-ci dut ouïr avec plus de patience que de plaisir les complimens interminables d'Urbain, qui crut ne pouvoir finir mieux qu'en offrant à sa cousine de jouer pour elle à la Bourse, et de se charger de faire travailler à compte à demi les fonds qu'elle lui confierait.

Apolline se prit à rire à cette proposition extraordinaire, et renvoya Urbain, pour la traiter plus sérieusement, au chevalier de Lens, à qui la libre administration de ses revenus était laissée.

—Je le sais, répondit Urbain, et c'est une vilaine idée de votre grand-oncle; cependant vous pourriez retirer de ce vieux garçon quelque bonne somme que vous me confieriez : il faut que vous veilliez de près à vos intérêts; les tuteurs ne demandent qu'à faire leurs mains, l'amitié seule d'un cousin est désintéressée. D'ailleurs, belle Apolline, mon cœur vous est tout acquis, il brûle de vous servir, et je me chargerai avec un pour cent de commission de tout ce qu'il vous plaira de me commander.

Cette insistance devenait embarrassante, les airs semi-avantageux et rampans d'Urbain ne l'étaient pas moins. Apolline, de concert avec Léopold, et désirant en outre se délivrer du reste de la famille dont l'obsession ne devenait pas moindre, espérèrent y parvenir, en déclarant qu'ils voulaient aller voir M. Morase.

— Vous ne le trouverez pas, dit Urbain, il est maintenant à sa fabrique de la rue des

Marais; nous aurons le soin, ma divine cousine, de vous récréer jusqu'à son retour.

En ce moment la femme de chambre de madame de Mareil vint prévenir Apolline que M. Denisal demandait la faveur de l'aborder, ayant à lui parler d'une chose très-importante.

Les Morase se formalisèrent de ceci, ils prétendirent que l'avocat était insupportable dans ses formes, qu'il se présentait de trop bonne heure, ne laissant pas à une famille le loisir de se retrouver ensemble. Urbain opinait à ce qu'on le congédiàt, mais Léopold fut d'un avis contraire.

— Ma sœur, dit-il, doit respecter le choix de son bienfaiteur, M. Denisal étant mis dans le nombre des conseillers de tutelle, il devenait juste qu'il parlât à mademoiselle de Trencavel.

On s'aperçut alors qu'Apolline n'était pas habillée, la femme de chambre offrit ses services.

— Non, non, dit la veuve, ma nièce et moi suffirons à cette chère créature; nous voulons de toute manière lui prouver notre tendre amitié.

Léopold prit occasion de ce soin à remplir pour accompagner Urbain. Dès qu'ils furent dans la pièce voisine, Urbain dit à son compagnon :

— A ta place, puisque ton grand-oncle t'abandonne, je ne me négligerais pas: voilà ta sœur riche comme une juive, je chercherais à la marier de façon à ce que le futur entrât avec moi en arrangement ; il y en a qui donneraient un intérêt considérable sur la dot à toucher.

—En vérité! repartit Léopold, qui, devinant déjà son cousin, prit un plaisir malicieux à le pousser aussi loin qu'il voudrait aller.

— Rien n'est plus sûr, mon ami, surtout si tu savais choisir convenablement; il est certain que le prétendu accueilli par toi finira par l'emporter sur tous les autres.

— C'est en effet possible.

— Léopold, es-tu un *bon enfant*?

— Qu'entends-tu par ce mot?

— J'entends si tu es capable d'aimer tes parens autant qu'ils te chérissent, de vouloir leur avantage, ainsi qu'ils ont voulu le tien.

— Au fait, Urbain, car ce sont des paroles vaines.

— Ah, gaillard ! s'écria le jeune Morase, déjà plus à son aise, parce qu'il soupçonnait une intention cachée dans la réplique de Léopold, entendrais-tu malice, aux premier mot? au fait, pourquoi pas? nous sommes en époque de progrès, et chacun songe à s'arrondir, et a raison d'y prétendre : moi, par exemple, si j'épousais ta sœur, je te donnerais d'abord au moins cent mille écus comptant, et ne reculerais pas à te faire douze mille francs de rente viagère, ainsi, que te semble d'un pareil lopin ?

— Que je peux gagner bien davantage du côté d'Apolline, car cette parfaite sœur veut me donner, par acte légal, la moitié de sa fortune.

— Miséricorde! dit Urbain d'une voix étouffée! tandis qu'un étonnement inexprimable se répandait sur ses traits, cette fille est folle! elle délire! Quoi! se priver de trois cent mille francs de rente, les enlever à son mari : est-ce du bon sens? Et toi, Léopold, toi qui, par ta naissance, dois avoir des sentimens élevés, délicats, consentiras-tu à ce que ta sœur se dépouille de ce qui doit un jour appartenir légitimement à l'homme dont elle portera le nom?

—Je dois préférer mon intérêt à celui d'un étranger, d'un inconnu.

—Mais si c'est moi, te suis-je inconnu, étranger? n'es-tu pas mon parent, mon ami, consentirais-tu à me ruiner ainsi?

Léopold, voyant jusqu'où la cupidité peut pousser l'extravagance, comprit qu'il avait assez plaisanté; et, se tournant vers Urbain, qui le tenait par le bras, et le regardait avec des yeux remplis d'une anxiété risible.

— Urbain, ne te tourmente pas de l'emploi des biens d'Apolline, ils ne nous enrichiront ni toi, ni moi.

—Sais-tu si elle a déjà choisi un époux? Prendrait-elle le marquis de Saint-Estève?

A sa place, je n'en ferais rien. C'est un bâtard, un cosmopolite, sans principes, sans mœurs. Quant à Rinaldi Fontoreza, est-ce que tu voudrais d'un beau-frère marchand?

— Et toi, qu'es-tu?

—Moi... moi... oh! c'est bien différent... car, vois-tu....

Urbain s'arrêta, éprouvant de la difficulté à trouver les moyens de prouver qu'un négociant français était d'autre classe qu'un marchand italien. Néanmoins, il espérait se sortir avec avantage de ce défilé; mais Léopold ne lui en laissa pas le loisir.

—Urbain, dit-il, il est inutile que tu te tourmentes à défendre une cause perdue. Celui qui, sans respect pour mon bonheur, a voulu acheter Apolline à beaux deniers comptant ne sera jamais mon frère. Cherche ailleurs une autre femme; celle-là ne sera pas pour toi.

— Fort bien! s'écria Urbain en pâlissant de rage: C'est ainsi que par de l'ingratitude on récompense la tendresse des parens, qu'on se soulève contre ses bienfaiteurs;

va, tu seras puni dans le monde par le blâme des honnêtes gens, et dans l'autre...

Urbain cessa ses plaintes, Léopold étant parti en riant et sans se mettre en peine de relever les injures. Quant à lui, désolé du mauvais succès de son entreprise, il n'y renonça cependant pas, se promettant non plus de s'adresser à son cousin, mais à Apolline elle-même. Le plus important, pensa-t-il, serait maintenant de me débarrasser de ce duc de Minotaro, et pour cela il faudrait que ma sœur....

Urbain cessa tout à coup son monologue, il rougit, puis jeta un regard à autour de lui tant il craignait d'avoir été entendu et compris. Aucun témoin suspect ne s'étant montré, il se rassura et poursuivit son chemin vers un café où chaque matin il allait recueillir des nouvelles dont plus tard il faisait son profit à la Bourse.

CHAPITRE XXIV.

Il n'y a point de vice qui n'ait une fausse ressemblance avec quelque vertu et qui ne s'en aide.

La Bruyère, *du Cœur*.

Les Deux Conseillers de Tutelle.

Astasie, faisant un effort, et domptant son orgueil dans l'intérêt de sa famille et de soi-même, consentit à servir de seconde femme de chambre à sa cousine. La veuve Doussel ayant pris la première place, elle laça, habilla Apolline avec l'aide de sa nièce, non sans assaisonner son ouvrage de louanges sur la perfection des formes de la jeune fille, sur sa rare beauté.

— Ce cher Urbain, disait-elle, il délirerait en voyant tant d'attraits : Urbain n'a pas toujours fait connaître sa pensée secrète, mais moi, à qui il ne cache rien, je sais la passion qu'il éprouve depuis nombre d'années pour une parente céleste... Suffit, je suis discrète, mais je peux affirmer que ce pauvre garçon mourra s'il n'est pas payé de retour.

Apolline feignait de ne rien comprendre à un langage aussi clair, dégoûtée qu'elle était de tant de bassesse, et admirant comment, avec la fortune venue, tant de passions marchaient à la suite. Astasie, rampante avec mauvaise humeur, parlait peu et souffrait du manége de sa tante. Enfin mademoiselle de Trencavel se trouva complètement habillée ; elle remercia sa cousine et madame Doussel, leur promit d'aller les voir aussitôt qu'on la laisserait libre, et puis ensuite passa dans le salon, où l'attendait l'avocat Denisal.

Habillé de neuf des pieds à la tête, le castor ainsi que les souliers, et tout en noir, avec de beau linge; trois boutons de diamans à la chemise, cadeau d'un orphelin dont il avait aidé à dévorer l'héritage qu'il était chargé de défendre, le jurisconsulte resplendissait en manière de soleil nébuleux; toutefois, un large ruban rouge noué à sa boutonnière, annonçait que le gouvernement actuel l'avait récompensé, selon son usage, des services qu'il ne rendit jamais à l'état, et qu'on portait loin la prodigalité de cette décoration si déchue depuis son origine.

Denisal s'avança vers mademoiselle de Trencavel, la salua jusqu'à terre à plusieurs reprises, et puis tenant d'une main son chapeau, lui présenta l'autre pour la conduire jusqu'à la causeuse voisine, tandis que lui alla chercher une chaise modeste. Lorsque tous ces préliminaires furent remplis, il s'inclina de nouveau, et prenant la parole :

— Mademoiselle, dit-il, en venant vous distraire de vos occupations du matin, j'ai voulu me faire pardonner mon importunité en vous fournissant la preuve de la chaleur extrême que je mettrai à prendre vos intérêts ; ce sont eux qui, depuis hier au soir, ont occupé tous mes instans, c'est d'eux dont je vous parlerai en l'absence de mes collègues ; je le ferai avec la franchise d'un citoyen élevé par la confiance de ses voisins au grade de capitaine de sa légion, sans préjudice des justes faveurs que me réserve le ministère en récompense de mes travaux honorables, et de la part que j'ai prise à sauver la nation de l'hydre de l'anarchie.

Apolline écouta froidement cet exorde, qui ne lui apprenait rien que la bonne opinion de soi-même, dont l'avocat Denisal avait sa part; il poursuivit :

— J'ai du regret que son altesse le prince de Montalban, puisqu'il m'a jugé digne de sa confiance, ne me l'ait pas accordée tout entière, je lui aurais fait observer, primo, que l'âge du chevalier de Lens le rend peu capable d'administrer en chef la diversité de biens dont votre fortune est composée ; je lui aurais remontré que le général Malvière, très-habile sans doute sur un champ de bataille, ce que néanmoins je n'oserais affirmer, ne peut rien entendre aux affaires contentieuses; enfin que, seul et sans aucun acolyte, j'aurais bien mieux travaillé pour vous; car, ne vous y trompez pas, mademoiselle, continua l'avocat, en élevant la voix comme s'il eût été au Palais, vous ne devez pas espérer une pleine et paisible jouissance de votre fortune, des collatéraux l'attaqueront, nous aurons à la défendre contre les héritiers naturels du prince, contre son neveu de Naples, contre votre frère, surtout; car, enfin...

— Contre mon frère! s'écria Apolline, en tressaillant. Eh! monsieur, pourquoi calomnier ainsi Léopold?

— Est-ce le calomnier, répliqua Denisal tranquillement, que de prévoir ce qu'il fera dans son intérêt; car, enfin, comme je disais tout à l'heure, il lui paraîtra pénible de vous voir enrichie par un oncle commun, tandis que lui demeure dans la misère. Il trouvera de bons amis, des avocats, peut-être, qui lui souffleront des pensées hostiles.

Alors il vous déclare la guerre; on entame l'instance, on poursuit un jugement, on demande en attendant une provisionnelle; les incidens surgissent, se croisent, et sans moi... sans moi, comment vous releveriez-vous de ce dédale inextricable?

—Je crois (et Apolline souriait) que le combat dont vous me montrez la possibilité prochaine, n'aura pas lieu du fait de mon frère.

—Je veux bien qu'il vous aime; mais son intérêt?...

—Ne le guidera jamais.

—Mademoiselle, ne vous y fiez pas, nous sommes en France à une époque de progrès où chacun, depuis le roi jusqu'au chiffonnier de la rue, cherche à grossir son pécule, par liste civile, héritage, budget, spéculations, marchés, pot-de-vin, entreprises...

—Tout cela, monsieur, est vrai, j'en ai l'assurance; mais, je le répète, mon frère est en arrière de l'époque.

—Fatale confiance!

—En voici la preuve: hier au soir, il a

refusé opiniâtrément le partage que je lui offrais du legs de mon grand-oncle.

—Vous le lui avez offert sérieusement?

—Oui.

— Il a sérieusement refusé ?

—Oui.

—Ah ça, mademoiselle, lequel des deux trompait donc l'autre ?

—Que signifie cette question ?

—Vous avez voulu faire un présent de six millions à un jeune homme de l'actualité, et il a répondu négativement? Vous me le dites, je dois le croire. Mais, non, le fait est impossible. Eh, grand Dieu! qui renoncerait à une somme aussi prodigieuse? et qui n'ouvrirait pas la bouche pour remercier et les bras pour la recevoir à genoux?

—Deux personnes, monsieur, ont été capables de cet acte, qui vous semble si extraordinaire, mon frère et moi.

Denisal parut anéanti par la persistance de la jeune fille à soutenir ce qu'elle avait avancé. Puis, ne pouvant se maintenir dans un doute si naturel à sa pensée, il se rapprocha d'Apolline; et, baissant le diapason éclatant de sa voix ordinaire :

—Mademoiselle, dit-il, j'exprimerais mal l'effroi que me cause votre conduite étrange. Vous avez tenté une épreuve très-dangereuse. La providence ne l'a pas fait tourner contre vous, parce qu'elle vous est maintenant favorable en tout point; mais le danger évité ce serait pis que de la folie que de l'affronter de nouveau. Votre frère a répondu par un refus. Tout s'est passé dans la règle. Vous étiez sans témoins, peut-être?

—Oui, tête à tête.

—Tant mieux, aucune preuve ne peut donc être administrée. Evitez qu'on n'essaie d'en obtenir ; fuyez monsieur votre frère, si par cas, en présence d'étrangers, il vous ramenait sur ce chapitre. Vous avez cédé, dans le premier moment, à un élan de générosité fort extrordinaire d'amitié fraternelle, à peu près passée de mode; et revenue enfin à des manières de voir beaucoup plus raisonnables, vous ne voulez plus exposer témérairement une portion aussi *con-*

séquente de votre fortune, personne ne vous en blâmera, et la raison...

— Monsieur, répartit Apolline, cherchant, par politesse, à surmonter le mépris que lui inspirait le jurisconsulte, il me paraît que je suis digne des Petites-Maisons, car, loin de suivre votre conseil, je me maintiens plus que jamais dans ma résolution première. Oui, je veux que mon frère soit aussi riche que moi. Et si aujourd'hui les dispositions du Code suspendent mon droit de disposer de ma fortune, j'attendrai, pour en jouir, l'époque de ma majorité.

— Ah! mademoiselle, que votre pensée est fâcheuse! qu'elle vous nuira dans le monde, lorsqu'elle se répandra : oui, elle vous fera tort, car une telle prodigalité.... Et comment pourrez-vous trouver un mari?

— Si ceux qui aspireront à obtenir ce titre ne se contentent pas des trois cent mille francs de rente que je me réserve, il est certain que je resterai dans le célibat. Mais poursuivit Apolline avec mélancolie, les avides ne manqueront pas, et je ne serai que trop importunée avec un *peu de bien* qui me restera.

M. Denisal parut visiblement tourmenté par cette réplique maligne. Elle le contrariait; et, pendant quelque temps, il garda le silence, enfin il dit :

— On verra, mademoiselle, ce qu'il faudra faire dans vos intérêts. Je vous suis dévoué de cœur; ma joie sera dans votre satisfaction, mes travaux tendront à vous rendre heureuse; daignez m'en confier le soin, et votre avenir en deviendra plus agréable. Je ne vois que vous, et franchement....

Le général baron Malvière entra lorsque, certes, l'avocat était loin de l'attendre, et, surtout de souhaiter de le voir. Lui-même cacha mal le dépit que lui faisait éprouver la présence de son collègue, et ne pouvant se contenir :

— Mais il me semble, dit-il, après avoir adressé à la hâte un compliment banal à mademoiselle de Trencavel, il me semble, Denisal, que nous étions convenus de ne nous présenter que l'un avec l'autre à notre pupille incomparable?

—J'ai cru, répondit le jurisconsulte embarrassé, que le lieu du rendez-vous serait ici, j'y suis venu par hasard... et d'ailleurs, vous-même?...

—Moi! Eh bien, ne puis-je faire comme vous? Je passe à votre cabinet pour vous prendre, votre petit clerc me dit que vous êtes sorti; je vous soupçonne ici, j'y viens: ai-je eu tort... mon collègue? Cela n'est pas bien, et votre promesse...

Apolline, devinant la jalouse méfiance qui s'emparait déjà de ces deux personnages, éprouva le désir, en vraie jeune fille espiègle, de les en punir; et pour y arriver vite:

—Mon cher monsieur, dit-elle à Denisal, je ne peux être assez reconnaissante de tout ce que vous m'avez fait entendre dans mon intérêt, et, bien que je ne veuille pas m'y conformer, comptez sur ma gratitude; mais en même temps souffrez que je réclame de vous un service, celui d'aller, sans retard, chercher monsieur le chevalier de

Lens pour le conduire ici, où je réclame sa présence.

Le commencement de cette phrase avait charmé Denisal; la fin n'eut pas le même succès. Il souffrait de quitter Apolline, le général étant là, et sans doute venu avec des projets conformes aux siens. Il hésita donc; et, avec maladresse, il s'avisa de dire :

—Moi ? m'éloigner lorsque vous êtes seule?

—Et pour qui me prenez-vous? répliqua le baron Malvière, avec une indignation concentrée; suis-je un automate, un bas-relief, ou quelque chose de semblable?

—Ah! général, mon propos signifiait....

Il s'arrêta, ne trouvant point d'excuse à sa grossièreté.

—Que vous manquez de sens commun, mon cher! lui fut-il reparti durement; on s'en aperçoit au Palais, il ne vous faut plus que le prouver en ville.

—Dans ce cas, dit le jurisconsulte en se rengorgeant, je serai complétement semblable à des spadassins qui veulent nous en faire accroire sur leur mérite, et dont chacun de nous connaît la nullité.

— Et ceux-là, qui sont-ils, s'il vous plaît? demanda le général d'une voix haute et superbe.

— Ma foi, qui se sent morveux se mouche.

— Il vous sied bien, monsieur l'avocat sans cause, d'appuyer vos manœuvres cachées d'une arrogance qu'on ne vous passera pas. Vous qui avez joué tant de rôles; impérialiste d'abord, puis partisan de la branche aînée, ensuite carbonaro, puis constitutionnel, et maintenant tout dévoué au roi de notre choix, en attendant d'en chérir un autre.

— Se conduire ainsi, général, serait marcher sur les traces de la plus forte partie des militaires supérieurs. A quel gouvernement n'ont-ils pas juré une fidélité toujours démentie? devant quel pouvoir ont-ils refusé de se courber jusque dans la poussière? quelle idole n'ont-ils pas encensée? de quelles couleurs ne les avons-nous vus refuser de se parer? En vérité, on a mauvaise grâce....

— Je vous passerai mon épée au travers du corps.

— Et moi, je vous ferai un bon procès en calomnie.

— Vous êtes un insolent.

— Et vous une girouette.

— Et, messieurs, dit Apolline, en s'avançant au milieu des deux adversaires, oubliez-vous que je suis ici? Est-ce là, donc, la concorde touchante qui doit exister dans mon conseil de tutelle?

— Je porte une épée comme vous, général.

— Oui, pour commander à des bizets récalcitrans. C'est un ridicule de plus dont vous vous affublez.

— Et vous, qui sollicitez une portion de liste civile, n'est-ce pas plus comique encore? Votre avarice espère forcer une porte de fer.

— Mes services.

— Il y a trente ans qu'on les paie. Mais mon patriotisme, par exemple?

— A quel prix le vendez-vous ?

Apolline, voyant la querelle se rallumer, interposa une autre fois sa voix puissante ; et, blâmant la chaleur de l'attaque réciproque, déclara désormais prendre pour elle les injures que l'on s'adresserait. Il fallait cette forme adroite pour calmer les adversaires, qui, se taisant par prudence, ne continuèrent pas moins de s'adresser des regards remplis de courroux. Apolline, se tournant ensuite vers l'avocat, lui réitéra l'ordre que déjà elle lui avait donné.

Denisal avait trop le désir de s'emparer de la confiance de mademoiselle de Trencavel pour résister au sien, quoique d'ailleurs ce lui fût un chagrin réel que de la laisser avec un rival qui se montrait tel à découvert. Il se résolut à sortir, mais avec une angoisse plaisante, et en répétant que, pur dans ses intentions, il priait sa noble cliente de ne se laisser aller à aucune influence, de ne prendre surtout aucune détermination quelconque sans l'avoir consulté de nouveau à son retour.

—Ceci me sera d'autant plus facile, répondit Apolline, que mon dessein est de n'agir que conformément à la volonté du chevalier de Lens et de mon oncle Morase.

L'avocat s'en fut peu satisfait.

CHAPITRE XXV.

L'avidité devient d'autant plus méprisable que les gens chez qui elle éclate sont au-dessus du besoin.

Reflets de la sagesse.

Un et Un font Deux.

Le baron Malvière suivit l'avocat d'un regard haineux et courroucé jusqu'à ce qu'il l'eût perdu de vue ; il était dans ce moment lui-même en grande tenue, il portait son meilleur costume tout barriolé de rubans et de croix, il s'appuyait sur une riche canne par habitude, disait-il, et en réalité, afin de dissimuler les faux pas que des douleurs de rhumatismes lui faisaient faire parfois; c'était un homme très-bien conservé, ayant une belle prestance; fort à la mode dans son jeune âge, il avait conservé des prétentions qui commençaient à avoir leur aspect plaisant; veuf depuis longues années, il lui restait un fils de son mariage, un fils sa torture vivante; car celui-ci, fidèle à son premier serment, avait abandonné la carrière des armes à la révolution de juillet, et le général fut sur le point de le déshériter, tant le blessa cet acte, qu'il n'hésita pas à taxer de folie.

Un militaire, dit-il, en toute circonstance doit à la fois conserver ses opinions et son traitement, de manière à ce que les premières ne nuisent pas au second; il doit obéir avec amour à tout gouvernement en place, l'aider de tous ses moyens à se maintenir; mais, si malgré cela il tombe, l'officier alors doit accourir de toute la vitesse possible au-devant de la nouvelle forme de pouvoir qui s'élève, lui vouer son amour et s'identifier avec elle; l'essentiel est que l'avancement ait lieu, n'importe par la volonté de qui, et que le traitement soit perçu avec exactitude.

Cette conduite ainsi professée était mise en pratique par le général depuis le premier jour où il avait porté l'épaulette ; il avait eu du dévouement et de la passion pour le directoire, les consuls et l'empereur; il n'en manquait ni pour le gouvernement provisoire de 1814, ni pour monseigneur le comte d'Artois, lieutenant-général du royaume, ni pour sa majesté Louis XVIII ; il en retrouva aux cent jours envers Napoléon, et puis à l'égard de la commission présidée par Fouché ; la seconde restauration le revit éminemment royaliste pleurant ses erreurs ; mais dévoué jusqu'à la mort, il passa de Saint-Cloud, le vingt-neuf juillet 1830, à l'Hôtel-de-Ville de Paris, ou il hésita à embrasser M. de Lafayette, à tel point il respectait en lui l'homme de la nation ; il ne fit faute à personne pas même au lieutenant-général du royame, et lorsque quelques députés eurent donné à celui-ci la couronne, le général, baron Malvière jura de vivre et de mourir à son service; on le vit dès le premier instant faire la cour au roi-citoyen, à la reine son épouse, à madame Adélaïde, à S. A. R. le duc d'Orléans, et puis au duc de Nemours, et puis au duc de Joinville, et puis au duc d'Aumale, et puis au duc de Montpensier, et puis........... et puis........... et puis............ et puis............. à quiconque devait avoir du crédit; car le baron Malvière était inflexible en tout ce qui touchait son intérêt pécuniaire.

Une des satisfactions qui balançaient la défection funeste de son fils fut le choix du prince de Montalban; celui-ci lui ouvrit une nouvelle carrière d'espérance et de succès; le général, déjà très-riche, tendait à le devenir encore davantage; il spéculait sur les effets publics, allait à la Bourse, rodait aux ministères, afin d'être à portée de faire un bon coup, tout lui convenait de ce qui grossirait sa bourse, et maintenant il se flattait..... Boileau à dit:

Le vrai peut quelquefois n'être pas vraisemblable.

Et il a eu raison, serait-il possible d'admettre raisonnablement ce que pensait néanmoins le baron Malvière, que, malgré son âge, il pourrait tenter de plaire à mademoiselle de Trencavel, et parvenir à convoler en secondes noces avec elle :

Cette chimère l'avait saisi dès la veille, il la caressait de son mieux, en fille chérie, en possibilité heureuse, et c'était le dessein qui ce matin l'avait amené seul, malgré la parole donnée à l'avocat, auprès d'Apolline; dès que Denisal fut parti le général, se rapprochant de sa pupille.

— Mademoiselle, dit-il, j'ai vu avec chagrin ce brouillon investi de quelque droit dans votre tutelle, c'est un esprit faux, inhabile, capable de tout, je m'en méfierais à votre place, et j'écrirais à mon illustre grand-oncle pour en obtenir la révocation des pouvoirs qu'il lui a donnés ; je doute aussi que vous tiriez un grand parti du chevalier de Lens, c'est un petit personnage tout d'une pièce qui ne voit pas le beau monde actuel ; quant à moi, si j'avais le bonheur d'être choisi par vous au titre qui vous serait agréable, je vous ferais briller dans la meilleure compagnie du siècle ; je sors peu de la cour, c'est mon élément, madame Adélaïde me témoigne mille bontés; et il ne me serait pas difficile de vous faire obtenir une charge dans la maison d'une de nos augustes princesses.

— Je voudrais, répondit Apolline, que votre crédit s'étendît plus loin ; car, si je consentais à prendre des chaînes dorées, je voudrais ne porter que celles de Mademoiselle, sœur de sa majesté Henri V.

— Ah mon Dieu ! dit le général en regardant autour de lui, quel propos osez-vous tenir, mademoiselle ? Henri V, il n'y a pas de roi de ce nom ; le nôtre, c'est l'invincible Louis-Philippe, le héros des deux mondes, l'Hercule qui nous a sauvés de l'anarchie. Ah! mademoiselle, qu'il me tarde de vous voir le chérir autant que je l'aime ; alors confondus dans nos voeux...

— Monsieur, dit Apolline, j'ai peu d'enthousiasme pour ceux qui dépouillent la veuve et l'orphelin.

— Eh bien ! notre roi n'a dépouillé personne, il s'est tenu à l'écart pendant la bataille, puis il est venu recevoir avec une grâce infinie tout ce qu'on lui offrait. Je vous conseille, mademoiselle, de voir bien les choses, vous êtes jeune, rappelez-vous que pour aller loin, il faut cheminer toujours de compagnie avec ceux qui possèdent la puissance. J'espère vous prouver l'utilité de ce précepte, lorsque vous m'aurez fait l'honneur de m'admettre dans votre société intime au titre qu'il vous plaira de m'accorder.

Le général était en passe de poursuivre une conversation avantageuse à son arrière-pensée, lorsque la porte fut ouverte avec une vivacité excessive ; c'était l'avocat Denisal, presque essouflé, tant il avait couru de l'appartement du chevalier de Lens à celui d'Apolline. Il entra avec non moins de précipitation.

— Mademoiselle ! s'écria-t-il, voici votre respectable guide, il vient sur mes pas, à tel point lui et moi souhaitons de vous complaire.

Malgré cette annonce d'une arrivée prochaine, le chevalier tarda à se montrer, plusieurs minutes s'écoulèrent sans qu'il se présentât; on l'attendait debout, et chacun mal à l'aise; enfin, il parut achevant de boutonner son gilet, et dès qu'il eut dépassé l'antichambre, il dit à Apolline :

— Que vous est-il donc arrivé de fâcheux, mademoiselle, pour que vous ayez fait réclamer avec tant de célérité ma présence et mon concours.

— Mais, rien que je sache, répondit Apolline; je désirais vous voir en la compagnie de ces messieurs, et je suis désolée que mon envie ait été mal interprétée.

— Morbleu! dit le chevalier de Lens en s'adressant à l'avocat, qu'êtes-vous donc venu me raconter? à vous croire, mademoiselle était en grand péril.

— Oh! vous m'avez mal compris, balbutia Denisal.

— Et vos insistances pour me faire venir, les ai-je supposées? ne m'avez-vous pas servi de valet de chambre malgré mes refus, afin que je pusse hâter ma toilette; l'ai-je rêvé pareillement?

Denisal se taisait, rougissant, pâlissant tour à tour, mais enfin prenant une détermination soudaine.

— Eh bien! est-ce un crime que de chercher à satisfaire les moindres volontés de mademoiselle de Trencavel; voilà comme je suis pour mes cliens, pour les personnes qui m'honorent de leur estime; je ne ménage ni le temps ni mes soins, je hâte le résultat... Ah! l'enthousiasme est permis surtout en une aussi belle cause.

Le général, mieux que tout autre, devina pourquoi le jurisconsulte avait tant hâté la venue du chevalier de Lens; c'était sans doute afin que lui-même demeurât peu de temps avec Apolline; ceci ne fit que le rendre plus hostile envers son collègue, ce qu'il lui annonça par un regard d'indignation méprisant; il ne s'emporta pas néanmoins à cause de la présence du chevalier, qui, à la suite de l'explication fournie par Denisal, s'adressant à Apolline, lui demanda si elle avait songé à un plan de conduite pour l'avenir.

Elle répondit que son désir était de demeurer dans la maison de son oncle Morase, ainsi que déjà elle l'avait fait connaître, qu'elle remettait à sa majorité toute augmentation de train; elle ajouta que d'hors et déjà néanmoins elle croyait devoir communiquer à son conseil de tutelle une résolution prise et irrévocable, celle de partager avec son frère le don immense de son grand-oncle.

A peine eut-elle prononcé ces derniers mots, que le chevalier de Lens, venant à elle, l'embrassa sans façon paternellement, et une joie extrême éclata sur les traits du vieillard.

— Bien, très-bien, à merveille ! s'écria-t-il, voilà parler en demoiselle de condition, en descendante d'une des plus vieilles races françaises ; que vous semble, messieurs, continua-t-il en se tournant vers le général et l'avocat, de cette générosité si louable ? Mademoiselle, vous êtes digne du legs de votre grand-oncle. Je sens la satisfaction qu'il en éprouvera, et je la juge par la mienne.

— Mais, monsieur, dit le général, pourrons-nous autoriser un emploi pareil? et la somme énorme que mademoiselle s'enlève...

— Oui, ajouta Denisal, convient-il que nous aidions notre pupille à sa ruine volontaire?

— Messieurs, répliqua le chevalier, ceci ne vous regarde en aucune manière; la volonté du prince de Montalban est que sa petite nièce gouverne à son gré les biens qu'il lui concéde. Je dois en diriger l'emploi, et j'ai seul voix délibérative, or je déclare que j'approuve tout ce qui sera honorable à mademoiselle.

— Dans ce cas, dit Apolline, vous m'aiderez à vaincre la délicatesse sans raison de mon frère. Je me flatte que tous les deux, nous le déterminerons à accepter ce que je lui cède de bon cœur.

— Lui en avez-vous déjà parlé, demanda M. de Lens ?

— Oui, dès hier, et il a refusé opiniâtrément.

— Vous l'entendez, messieurs, s'écria le chevalier transporté, tels sont les sentimens qui rendent digne de la noblesse; ailleurs, on se guide par l'inspiratiou d'un vil intérêt; ici, par le désintéressement sublime; votre frère, mademoiselle, est digne de vous.

— C'est admirable, dit le général d'un ton piteux.

— Ce sera la source de force procès, dit l'avocat en soupirant.

— Entre qui, s'il vous plaît, demanda le chevalier, puisque la sœur veut donner, et que le frère refuse.

— Oh! il ne résistera pas toujours, et le baron Malvière prononça ces mots avec une expression malicieuse.

— En effet, dit l'avocat, repousser sérieusement un cadeau de six millions; est-ce possible, un roi ne le ferait pas!

— Il est vrai, répliqua le chevalier, qu'il en est parmi ceux-ci dont l'avidité est connue; mais il s'agit de la famille Trencavel. Je transmettrai, mademoiselle, à votre grand-oncle et votre offre et le refus de monsieur votre frère ; l'un et l'autre sont tels que je les attendais de vous deux. Le prince prononcera.

— Mais, le peut-il maintenant, sa donation n'est pas conditionnelle.

Cette réflexion vint de l'avocat.

— Oui, ajouta le général, mademoiselle seule peut disposer de sa fortune ; mais pas avant sa majorité, et si, avant cette époque, elle se marie, ce qui aura lieu, selon toute apparence, le concours de son mari deviendra indispensable.

— Oh! je n'avais pas prévu cette double difficulté, dit le chevalier avec un air goguenard qui servait à prouver qu'elle l'embarrassait peu ; en effet, le prince s'est dépouillé, mademoiselle est investie, elle est mineure ; son époux futur devra être consulté, c'est la loi; mais la libre disposition des revenus m'est accordée sans en rendre compte; je peux les verser à celui que ma pupille désignera, et quant à l'hymen prévu, elle et moi ne le conclurons qu'à l'encontre d'un époux qui en passe par ce que voudra mademoiselle de Trencavel.

— Mais ce sera une violence manifeste, s'écrièrent instantanément l'avocat et le général.

— Une violence! demanda le chevalier tout étonné, mais envers qui, s'il vous plaît?

— Envers le mari contraint avant la noce de renoncer à son bien légitime.

— C'est-à-dire, à ne prendre mademoiselle qu'avec la portion qu'elle se réservera. Il me semble que l'alternative du oui ou du non lui restera, et que mademoiselle, un poignard à la main, ne le contraindra pas à la conduire à la mairie.

— Il est toujours bien pénible pour un homme d'honneur et délicat, dit le général, de voir fondre dans sa main une masse de biens aussi considérables.

— Et que, tôt ou tard, mademoiselle revendiquera devant les tribunaux; car enfin, on l'aura dépouillée par séduction, captation, force majeure...

Et l'avocat aurait poursuivi son plaidoyer,

si le chevalier de Lens, avec autant de mépris que de dignité, n'eût fait un geste pour le prier de se taire, et n'eût dit en même temps :

— Il reste assez au prince de Montalban Trencavel pour satisfaire l'*avidité désordonnée* du frère et de la sœur. Instruit de ce qui se passe, il y mettra bon ordre, et arrangera les choses de manière à ce qu'un procès devienne impossible, lors même que M. Denisal en assurerait le gain ; au reste, messieurs, nous devons jusqu'à cette époque agir de concert ; ne nous tourmentons point de l'avenir, il se débrouillera peut-être plus encore à l'avantage de mademoiselle de Trencavel, et du comte Léopold, son frère, que l'on ne le prévoit. Au demeurant, poursuivit le chevalier en s'adressant à Apolline : j'approuve la continuation de votre séjour dans cette maison, vous ne pouvez mieux faire, il convient de se montrer modeste et modérée. A votre âge, et au sortir de la position pénible dans laquelle vous étiez naguère, ayez seulement de la confiance en votre noble frère, et dans ceux qu'il vous désignera, et le reste viendra bien, je l'espère.

— Mademoiselle de Trencavel m'accordera peut-être la permission de lui rendre journellement mes hommages, dit le général. Je souhaite lui prouver mon dévouement sincère.

— Et moi! dont la conservation de sa fortune devient l'idée fixe, répliqua l'avocat, je viendrai sans cérémonie causer ici des moyens d'augmenter tant de prospérité.

Apolline répondit par un simple salut. Le chevalier alors, tirant sa montre, dit que le notaire devait être arrivé muni de tous les titres des biens et des sommes donnés par le prince de Montalban à sa nièce, et qu'il était convenable d'en faire la remise à mademoiselle de Trencavel, en présence de son conseil de tutelle. Les deux assistans approuvèrent; et en effet, M. Dulion parut presque aussitôt, prétendant que depuis que l'exactitude avait cessé d'être la politesse des rois, elle devenait plus que jamais la vertu des notaires, plaisanterie que le général accueillit avec froideur.

CHAPITRE XXVI.

C'est pitié que de voir de quelle manière les hommes s'abaissent dans l'espoir de s'élever.

Recueil de Maximes.

Qui adore-t-on ?

Les inconvéniens attachés à une position brillante ne manquèrent point dans cette circonstance à mademoiselle de Trencavel. Dès le moment où la fortune était venue à elle, un tourbillon rapide l'avait emportée; il n'y avait plus pour Apolline ni solitude ni repos; elle ne pouvait ni se trouver seule ni contenter les vœux de son cœur; une foule obséquieuse, humble, rampante, fadement adulatrice l'environnait : on lui prodiguait les flatteries, les encensemens, on traitait en divinité la petite pauvresse de la veille; il tombait des nues autour d'elle des amis sans nombre et même des parens tout à coup tendres et empressés. C'était à qui arriverait le plus vite à son cœur, à qui tromperait sa franchise avec le plus de succès.

Parmi ces êtres avides, aucun ne la contentait; leur conduite antérieure contrastait trop fortement avec celle de l'heure présente, pour que toutes les deux ne fussent pas flétries de son mépris. Elle avant vu son oncle Morase descendre à des excuses dont la servilité lui avait fait mal. Chaque membre de cette famille montrant un front humble, se plaçait en posture si avilissante devant elle, que son noble cœur en souffrait. Il fallait recevoir sans relâche et la veuve Doussel, et Astasie, et Urbain, entendre l'éloge perpétuel de celui-ci, et les peintures de sa passion pour sa cousine incomparable; rien ne rebutait la tante, la sœur et le frère; le père s'en mêlait aussi, il y avait dans ces attaques multipliées une effronterie capable de repousser l'ame la moins élevée. On montrait clairement que cet amour d'Urbain était une affaire de commerce qu'il fallait mener chaudement.

Les difficultés n'arrêtaient pas, non plus que les refus de Léopold de prendre part à cette intrigue, ni que l'indifférence complète avec laquelle Apolline traitait son cousin. On se flattait de finir par l'emporter de guerre lasse, par compromettre du moins la réputation de mademoiselle de Trencavel, de telle sorte qu'Urbain devînt son pis-aller.

Madame de Mareil, d'une autre part, soufflait avec autant de persistance à sa belle amie d'avoir pitié du marquis de Saint-Estève, de se piquer de générosité à son égard; en venant à lui, maintenant qu'elle possédait de grands biens, ce serait reconnaître d'une façon magnanime les bons desseins qu'il avait manifestés pendant la situation précaire de mademoiselle de Trencavel ; celui-là au reste, trouvait simples et fort à leur place les intentions de celle-ci envers son frère. Il proclamait que si jamais son consentement devenait nécessaire pour assurer à Léopold les trois cent mille livres de rente en question, il l'accordait à l'avance ; enfin, sa conduite apparente ne manquait pas d'habileté.

Mais au milieu de ce labyrinthe, où tant d'intérêts, de trames, d'avidités opposées retenaient mademoiselle de Trencavel, un seul homme ne se montrait pas. La situation dans laquelle Rinaldi Fontoreza s'était maintenu depuis l'instant où celle d'Apolline avait changé, surprenait tous ceux dont il était le point de mire perpétuel. Le chevalier de Lens, Léopold, les Morase, madame de Mareil, qui demeuraient instruits, et de ses sentimens pour l'héritière et de la réciprocité accordée, s'en étonnaient étrangement. Rinaldi, loin de rechercher les occasions d'aller vers Apolline, semblait les éviter ; seul de tous les habitués de la maison, il ne s'était pas empressé d'apporter son tribut de félicitation et d'hommage, il n'avait même point paru chez madame de Mareil.

Resté à l'écart sans manifester ni peine ni joie, il semblait attendre la suite des événemens. Son absence fut bien autrement remarquée par Apolline, que fatiguait la présence de ceux qui l'accablaient de soins. Elle attendait à chaque minute la venue de Rinaldi, et Rinaldi ne paraissait pas; piquée d'abord de ce que lui avait appris madame de Mareil sur le compte du Napolitain, elle se proposait de conserver à son égard une retenue fière et même offensée ; mais Rinaldi ne s'exposa pas à cet accueil, et à mesure que les heures s'écoulaient, la colère partait avec elle : le chagrin ne fut plus que de la bouderie ; bientôt même l'inquiétude devint extrême de cette conduite si opposée à celle des indifférens. Le jour finit, un nouveau commença son cours rapide, et Rinaldi persista à se tenir éloigné, et en proportion égale croissaient le dépit et la douleur de mademoiselle de Trencavel.

C'était une occupation majeure pour les intéressés, que d'observer le jeu qui se jouait entre ces deux cœurs prêts à ne plus se comprendre. Rinaldi portait chez les Morase, où il se rendait avec la même exactitude qu'auparavant, une contenance sombre qu'il ne cherchait pas à déguiser. Les agaceries d'Astasie le trouvaient insensible; vainement lui laissait-elle lire presque sans voile le secret de son cœur, il restait auprès d'elle ce qu'il avait été jusque-là, poli et calme.

Apolline, de son côté vivement irritée à mesure que le temps s'écoulait, et tâchant, sous une augmentation de colère, de se dérober sa propre faiblesse, ne venait voir ses parens que lorsqu'elle savait que Rinaldi ne pourrait y être; c'était un sacrifice rude fait à sa vanité, et néanmoins, une voix secrète lui disait que les procédés de l'Italien; s'ils ne prouvaient son amour, laissaient éclater sa délicatesse. Elle le comparait à tous ceux qui, sa fortune une fois connue, s'étaient rués contre, avec une audace hideuse; à ces amans passionnés se déclarant depuis qu'elle était riche, et par là, laissant connaître à qui principalement ils en voulaient.

Trois jours durant, ni Rinaldi ne vint à Apolline, ni celle-ci ne parut rechercher de lui faciliter les occasions de la voir. La joie en était extrême chez madame de Mareil et chez les Morase. Léopold et le chevalier de Lens pensaient comme eux. Urbain, plus charmé que tous de ce dénouement imprévu, crut frapper un grand coup pour en assurer la réussite, et allant dans la rue à la rencontre de Rinaldi, qu'il voyait venir :

— Mon cher garçon, lui dit-il, je crois que vous devez prendre votre parti ; ma cousine, dont j'aurais voulu faire votre femme, paraît décidée à prendre pour mari le brillant marquis de Saint-Estève : ce compère a la parole dorée, et, tandis que vous restez en arrière, il a poussé sa barque, et le voilà près d'arriver au port.

— Je lui souhaite beaucoup de bonheur, répondit Rinaldi avec indifférence.

— Ah ! vous êtes déjà consolé ; eh bien ! c'est ainsi que doivent agir les braves ; d'ailleurs, et ceci dit entre nous, continua Urbain pleinement dupe de l'apparence, Apolline développe au jour des défauts que l'on ne lui connaissait pas hier : elle est coquette, avide d'hommages, fière de sa fortune et s'en fait fort accroire.

— En vérité !

— Oui, c'est à ne pas la reconnaître.

— C'est qu'elle prend des leçons de madame de Mareil.

— Femme rusée, futée, habile ! Ma cousine est en bonne école, et franchement elle ne vous convient pas.

— Et à vous? demanda Rinaldi avec une simplicité maligne.

— A moi, répéta Urbain déconcerté ; que signifie cette question ?

— Elle est simple : vous dites que mademoiselle de Trencavel ne peut plus rien pour mon bonheur, et, en retour de cette assertion, je désire savoir ce qu'elle pourra pour le vôtre.

Si Urbain eût été persuadé que Rinaldi était le fils d'un marchand de Naples, il lui aurait répondu grossièrement, et sans s'embarrasser des suites de ce propos ; mais dans l'incertitude s'il voyait ou non dans ce jeune homme le représentant d'une grande famille, il se contint, et répliqua avec le moins de mauvaise humeur possible, que sa qualité de parent le porterait toujours à excuser les imperfections d'Apolline.

— Et pourquoi, dit Rinaldi, un amant véritable n'en ferait-il pas autant ?

— Vous agiriez à votre guise, signor Rinaldi; j'ai cru bien faire, en vous fournissant des lumières que vous n'aviez pas; mais puisque vous me soupçonnez....

— Des soupçons, monsieur Urbain, et sur quoi les fonderais-je? vous avez toujours manifesté une indifférence si complète envers mademoiselle de Trencavel !

— De l'indifférence, moi, pour elle ! moi qui m'occupais sans relâche de ses intérêts, qui lui vouais l'amitié la plus tendre et la plus sincère par-dessus tout. Ah! vous partagiez l'erreur commune : on se trompait sur mon respect, ma vénération profonde, sur ma crainte de compromettre sa réputation !

— Vous aimiez donc votre cousine? demanda Rinaldi impétueusement.

— Et qui ne l'aimerait pas ? quelle ame serait insensible aux perfections de la sienne? quant à moi j'en perds la raison , et cependant je ne m'aveugle pas sur les sentimens de ma cousine; ils penchent vers Saint-Estève, et j'en suis désespéré.

Rinaldi ne répliqua point ; renfermant dans son sein ce qui l'agitait sans doute, il parla d'un fait indifférent auquel il se plut à donner de l'importance, et Urbain, malgré son manége, ne put deviner l'impression qu'il avait produite ; elle était néanmoins fatale au repos de Rinaldi. Les amans sont faciles à s'épouvanter, à prendre le change ; ils se croient trahis à la plus faible apparence, et souvent et même presque toujours se font plus de mal qu'il ne leur en advient. D'ailleurs, celui-ci, au lieu de reconnaître la malignité envenimée des allégations d'Urbain, ne voulut y voir que l'ascendant pris par Saint-Estève sur Apolline; il lui parut certain que celle-ci était d'un caractère volage. Il se félicitait de s'être maintenu dans une réserve prudente, il alla presque à se demander s'il ne vaudrait pas mieux s'en revenir à Naples. Un cœur plus ferme aurait pris soudainement ce parti; le sien n'était pas encore assez énergique : il prétendit qu'il fallait tout voir, c'était un délai que l'amour sollicitait de l'amour-propre.

Urbain, en quittant Rinaldi, avait pris la route du quartier de la Chaussée-d'Antin. Rinaldi, au contraire, loin de s'écarter de la rue Saint-Louis, se dirigea, sans y faire attention, vers la maison Morase; c'était une des heures où il ne s'y montrait pas habituellement; aucun but déterminé ne l'y attirait, et néanmoins une force irrésistible l'y conduisait comme malgré lui. Il montait le grand escalier, lorsqu'au premier retour il fut croisé par Apolline; elle revenait de chez madame Doussel, qui s'était plainte avec fracas d'être oubliée nominativement dans le cours des visites solennelles que mademoiselle de Trencavel faisait aux femmes dont les assiduités avaient commencé avec sa fortune. La veuve satisfaite par une apparition dans son appartement particulier, Apolline retournait au lieu où elle passait de tristes instans.

Les deux amans, mis ainsi en présence, lorsque, certes, ni l'un ni l'autre ne l'espérait, ressentirent ce choc magnétique, bien connu de ceux qui aiment, ils s'arrêtèrent spontanément; leurs yeux étincelèrent, et, pris au dépourvu, ils ne purent d'abord s'armer d'une feinte indifférence. Il n'était pas possible à Rinaldi, sous peine d'être taxé d'impolitesse, de se contenter d'un salut à l'égard de mademoiselle de Trencavel; il n'avait pas vu celle-ci depuis le don du prince de Montalban, et il est des félicitations d'usage dont l'urbanité fait un devoir impérieux; d'ailleurs, soit vivacité d'émotion, soit surprise, soit toute autre cause, Apolline, au lieu de continuer de descendre, s'arrêta; la douce harmonie de ses traits s'altéra, et un spectateur indifférent aurait reconnu sans peine que la présence de celui qu'elle rencontrait agitait vivement son coeur.

Rinaldi vit comme elle retint son élan, et avec des formes respectueuses, la complimenta sur le secours inattendu qu'elle avait reçu de la providence.

—Vous voilà, poursuivit-il, à votre place naturelle.... vous pourrez vous livrer à vos sentimens généreux : il y en a qui disent encore que le bonheur est dans la fortune.

— Je ne sais, répondit Apolline, ce qui en est ; il me semble que naguère j'étais heureuse, tandis que maintenant....

Elle s'arrêta et se mit à rougir ; en conséquence, sans doute, du complément de la phrase suspendue qu'elle achevait mentalement.

— Quoi, mademoiselle, il manquerait quelque chose à votre félicité ? vous possédez les biens que donne la nature, et ceux que la destinée accorde ; vous avez passé d'une solitude d'indifférence à une vie occupée d'hommages, de soins, d'adorations.

— Eh bien ! trouveriez-vous-là cette félicité digne d'être recherchée? Je vous plaindrais dans ce cas; moi, au contraire, je voudrais me replacer dans cette situation où j'étais naguère, lorsqu'on s'informait peu de ma personne et de mes actes. Alors je pouvais reconnaître mes meilleurs amis, ceux véritablement sincères, ceux qui me recherchaient pour mon faible mérite, et non pour ces richesses.

— Oui, répliqua Rinaldi, avec dépit parce qu'il s'imaginait, qu'Apolline faisait allusion à la demande formelle que le marquis de Saint-Estève avait faite de sa main. Cette époque d'obscurité a été favorable à certains, aux plus audacieux; les autres, modestes, ou craignant d'être mal accueillis.... pourtant, s'écria-t-il, en frappant du pied les marches de l'escalier, je vous avais, moi aussi, laissé lire dans mon ame; mais un simple marchand dédaigné par vos proches.... ma mauvaise étoile l'a emporté, je dois me soumettre. Le pourrai-je? je l'ignore, je ne devrais pas.... oubliez le passé, cela vous sera facile; quant à moi, je ne m'en souviendrai que pour le maudire et m'en désespérer.

Et ces paroles de courroux débitées, Rinaldi monta rapidement le reste des degrés. Apolline, atteinte jusqu'au fond de l'ame, resta immobile, sa fierté n'ayant pas assez de force pour se vaincre, au point d'imiter Rinaldi; ce fut lorsqu'elle sentit sa faiblesse qu'elle pût concevoir ce qu'elle éprouvait en réalité, et que Rinaldi lui était cher. Alors elle se ressouvint de sa promesse à son frère, combien celui-ci souhaiterait qu'elle s'y conformât : d'ailleurs, avec quelle insistance Rinaldi s'était attaché à rappeler sa profession ; il y avait là orgueil ou désir de lutter audacieusement contre les préjugés de caste. Apolline y rêvait, et ne songeait pas à s'éloigner ; enfin, honteuse de montrer si peu de dignité, elle descendit rapidement, et rentra tout en larmes dans sa chambre.

Madame de Mareil l'y attendait, et la surprit dans ce désespoir, qu'elle aurait voulu lui dérober. Il n'était plus temps, et le chagrin qu'en ressentit Apolline redoubla la vivacité de ses larmes.

— Qu'avez-vous ? lui dit Eugénie, vous voilà pareille à une héroïne de roman, lorsqu'elle se sépare de l'objet aimé.

Madame de Mareil, en se permettant cette plaisanterie, croyait ne pas approcher d'aussi près de la vérité. Apolline, en l'écoutant, tressaillit, et ne répondit que par ces mots :

— Je suis bien malheureuse !

— Vous! cela se peut-il? prenez garde, Apolline, de ne pas devenir votre propre tortionnaire, en vous persécutant à l'aide de votre propre imagination; vous êtes en mesure, non-seulement de faire le bonheur d'autrui, mais encore d'assurer le vôtre; il faut pour cela non écouter cette pente secrète qui nous porte souvent vers des chagrins chimériques, mais savoir marcher d'un pas ferme dans la route que notre destinée nous trace.

— Et les souvenirs, répondit Apolline en soupirant, pensez-vous qu'il soit facile de leur commander?

— Refoulez-les avec force, imposez-leur silence, ils finiront par obéir. Leur puis sance naît, la plupart du temps, de notre nonchalance à la détruire; nous voudrions qu'elle n'existât pas, et cela sans prendre la peine de la combattre, et alors on se plaint qu'elle est invincible, et pourtant on lui a cédé la victoire sans la lui disputer, sera-ce vous-même que je citerai en preuve de ce que j'avance? Que faites-vous, je le demande, pour monter à la hauteur de votre situation, pour vous mettre en mesure de conserver la parole volontairement donnée à votre frère? rien, à ce que je crains.

— Oh! reprit avec vivacité mademoiselle de Trencavel, les avis sont faciles lorsque le cœur est paisible ; et quand il est troublé, on sent seulement combien le mal qui le blesse a d'énergie.

— Pouvez-vous épouser un marchand étranger? dit madame de Mareil, sans répondre au propos précédent, un jeune homme sans consistance sociale, qui vous amènerait, modeste bourgeoise dans un royaume où vos parens occupent de hautes dignités ?

— Vous êtes l'ennemie de Rinaldi, vous ne lui pardonnez pas son injure.

— Je l'avoue, je suis irritée contre lui, non pour assurer ma vengeance, mais dans l'intérêt de votre fidélité ; qu'attendez-vous d'un homme qui, dans la même maison, m'a aimée d'abord, puis vous ensuite, sans compter Astasie, dont on ne parle pas.

— Astasie, elle !

— Oui, votre cousine; on vous a tu jusqu'à ce moment la cause première des scènes désagréables qui ont précédé votre changement de position; lorsque Astasie vous attaquait avec tant de véhémence, c'était moins pour vous contraindre à épouser le marquis de Saint-Estève, que pour vous punir d'être aimée momentanément de l'Italien. Celui-ci, avec une habileté extrême, avait essayé de parler à l'affection d'Astasie, et le succès n'a que trop couronné sa tentative; il n'a point aimé, et on l'aime plus qu'il le faudrait pour le repos d'Astasie. Je vous révèle un mystère que je m'étais engagée à ne jamais trahir; je le fais dans la croyance que mon indiscrétion vous sera utile, et aidera à vous sauver de votre penchant.

Ceci fut l'un des plus rudes coups qu'Apolline put supporter. Elle ne balança pas à admettre la véracité de l'intrigante. Sa douleur en augmenta, et en même temps, afin de fournir des armes contre sa fantaisie, elle raconta de point en point la scène qui venait d'avoir lieu sur l'escalier. Madame de Mareil l'écouta avec une joie perfide qu'elle sut bien déguiser ; elle ne contesta pas que l'amour de Rinaldi n'appartînt dans ce moment à mademoiselle de Trencavel. Combien de temps durerait-il ? ce fut la question qu'elle fit : surviendrait-il un mariage ? non sans doute ; et pourquoi, d'ailleurs, ce jeune homme ne serait-il pas avide, lui aussi, de conquérir une brillante fortune par une passion feinte ?

— Ce que vous avez de mieux à faire, dit-elle ensuite, c'est de fuir Rinaldi ; vous ne pouvez d'ailleurs l'épouser sans le consentement de votre frère, sans celui de tous vos parens ; l'accorderont-ils ? non sans doute, lutterez-vous contre eux, accepterez-vous le poids du blâme qui s'adresse à la femme assez insensée pour descendre volontairement de son rang ?

Apolline, au lieu de répondre, recommença à verser des larmes, et madame de Mareil reconnut avec humeur combien peu de progrès la raison aidée de la ruse avait faits sur son cœur agité par une passion accoutumée à se raidir contre les obstacles. Mademoiselle de Trencavel aimait beaucoup plus Rinaldi, qu'elle n'avait de colère contre lui.

CHAPITRE XXVII.

Aurum infortunâ invenitur; naturâ ingenium bonum.

La fortune donne les richesses, mais les bonnes qualités nous viennent de la nature.

PLAUTE, *Pœnule*, acte I, scène II.

L'Hippolyte Moderne.

—

Léopold de Trencavel se trouvait également dans une situation désagréable. La lettre reçue le jour où le don du prince de Montalban avait été connu, et écrite par Elmonde Robin, commandait une réponse, et l'urbanité excessive du jeune homme ne savait comment la tourner convenablement: on a toujours mauvaise grâce à refuser une femme jeune, jolie, riche, et qui vient avec franchise offrir sa main et son cœur. Un tel mariage néanmoins ne convenait pas au frère d'Apolline, celle qui le proposait ne possédant selon lui aucune de ces qualités et de ces avantages nécessaires au bonheur de toute la vie.

Léopold voulait dans sa femme de la modestie, une bonne éducation, des vertus de famille, l'usage du monde, de l'élévation et de la délicatesse dans les idées ; tout cela manquait à mademoiselle Robin ; ses manières, malgré sa fortune, étaient celles des grisettes, ses compagnes ordinaires ; elle ne cachait aucune de ses sensations, et la persistance qu'elle mettait à contrecarrer sa mère, bien que la veuve Robin fût folle à lier, aurait suffi à indisposer Léopold contre elle.

Il fallait néanmoins s'excuser de vive voix ou par écrit. Déjà les convenances étaient blessées par le retard mis à s'acquitter de ce devoir. Léopold, se le reprochant, se disposait à prendre la plume, lorsqu'un incident lui procura un autre moyen de s'expliquer.

Ce même jour, où Apolline avait rencontré Rinaldi sur l'escalier, mademoiselle Robin vint voir Astasie; la femme de chambre de cette dernière, qu'elle rencontra dans le salon, l'arrêta pour lui apprendre que sa maîtresse était sortie et ne tarderait pas à rentrer.

— Quoi qu'il en soit, repartit Elmonde, je suis trop horriblement fatiguée (elle était venue à pied) pour m'en retourner tout de suite. Je vais me reposer, et j'attendrai volontiers Astasie; mais, dit-elle en outre, n'y a-t-il personne dans la maison pour me tenir compagnie?

— Si mademoiselle voulait passer chez mademoiselle Apolline.

— Oh non! elle m'ennuie, depuis surtout qu'elle est grande dame, je ne peux m'accoutumer à la voir avec des prétentions de supériorité, lorsque naguère..... J'aimerais mieux jaser avec son frère; n'est-ce pas, Anna, que c'est un beau garçon?

— Il est superbe, répondit Anna avec un soupir étouffé ; mais autant vaudrait un homme bâti de glace. Ce n'est pas qu'il manque de politesse, mais voilà tout ; personne dans la maison ne s'aperçoit qu'il l'habite : il est plus sage qu'une demoiselle ; aussi croit-on ici qu'il est malade.

Elmonde se mit à rire, et prenant la parole :

—N'importe, qu'il soit ou non porté vers les *bonnes*, cela ne me fait ni bien ni mal ; mais ce qui me serait profitable, c'est qu'il vînt me tenir compagnie. Le temps passe vite lorsqu'on l'emploie à *commérer*.

— Si mademoiselle veut, repartit Anna la complaisante, j'irai le chercher dans sa chambre, où il est à travailler.

—Vas-y vite, ma charmante, et, si tu me l'amènes, je te donnerai un gros baiser et une pièce neuve de cinq francs à l'effigie du roi de notre choix, à ce qu'on prétend.

Ces formes familières envers des domestiques, mêlées la plupart du temps à des mots durs et amers, rentraient dans la mauvaise éducation de mademoiselle Robin, accoutumée à vivre en intimité permanente, tendre ou querelleuse avec les domestiques de sa maison. Anna partit, légère comme un faon; elle était jeune et assez jolie, elle se dirigea vers les mansardes où Léopold continuait de conserver son logement, à côté de celui du chevalier de Lens; mais en franche étourdie, au lieu d'y aller par l'intérieur de l'appartement, elle fut prendre la route vers le grand escalier, tandis qu'à l'aide d'un dérobé, Léopold descendait au salon de son oncle, se dirigeant vers le corps de logis occupé alors par sa sœur. Il ne se doutait pas que mademoiselle Robin fût aussi près de lui; car, s'il en avait eu le moindre soupçon, il aurait fui avec plus de vivacité qu'il n'en mettait à aller vers Apolline.

Sa surprise ne fut pas médiocre, lorsqu'en mettant le pied dans le salon, il se trouva en face de mademoiselle Elmonde; il ne put s'y prendre assez à temps pour réprimer une manifestation involontaire de surprise qui lui échappa, et à laquelle la jeune fille, se méprit joyeusement. Elle de son côté comprit que la venue de Léopold était accidentelle ; Anna ne faisait que de partir, et elle augura bien de ce qui lui parut un coup de sympathie. Loin de ressentir aucun embarras de sa démarche inconsidérée envers Léopold, et de rougir et de se troubler en sa présence, elle se prit à rire, et commençant l'attaque.

— Est-ce, dit-elle, du titre de beau-père que je dois vous saluer, ou bien balancez-vous entre la veuve Robin et sa fille?..... Savez-vous, poursuivit-elle, qu'il faut que je sois folle pour me jeter ainsi avec toutes mes belles rentes, à la tête d'un étudiant en droit? Il y en a de plus hupés qui me pourchassent, mais vous valez mieux qu'eux; vous êtes plus jeune, et vous êtes noble : cette qualité va bien, et depuis que tout le monde est libéral, les demoiselles ne veulent plus épouser que d'anciens gentilshommes.

Léopold aurait préféré des paroles aigres et des manières guindées, elles l'eussent mis moins dans l'embarras, que cette façon joviale d'agir, que cette franchise à laquelle il était cruel de répondre par un refus : il essaya d'envelopper celui-ci sous des tournures propres à en dissimuler l'amertume, et en conséquence il dit :

— A Dieu ne plaise, mademoiselle, que j'aide jamais madame votre mère à commettre une faute dont elle se repentirait nécessairement! la disproportion d'âge a posé entre nous une barrière que je ne franchirai pas; et, rempli de gratitude pour les bonnes intentions que vous lui supposez à tort peut-être, je lui en prouverai ma reconnaissance en ne profitant pas de ses bontés.

— Et bien vous ferez, répliqua Elmonde. C'est un démon que la veuve Robin; elle a fait mourir mon pauvre père à force de l'*ahurir* et de crier avec lui; les *cancans* sont sa vie : elle est jalouse comme un vieux chien, méchante comme un tigre, et ne vous épargnerait pas *les traits*. Vous la verriez sans cesse pendue à votre bras ou courir sur vos talons; elle tiendrait la clé de la caisse, et ne vous donnerait pas de l'argent par crainte que vous fussiez le dépenser avec des demoiselles de la rue. Quant à moi, je suis une bonne enfant, sans fiel, sans malice; et pourvu que vous me fassiez comtesse, que j'aille à la Cour, que je danse avec le duc d'Orléans, et que je fasse rager mes amies par mon luxe et le rang de mon mari, je ne m'informerai pas des tours que vous me jouerez : je sais que les hommes *c'est de la canaille*, et les maris surtout.

Après cette harangue étrange, et dont le diapason n'était pas en harmonie avec celui à qui on l'adressait, Elmonde, persuadée qu'elle avait fait preuve de franchise piquante, recommença à rire et à regarder fixément Léopold. Or, Léopold aurait voulu, à l'aide d'une baguette magique, se transporter à mille lieues du salon de son oncle, et non se trouver contraint de soutenir une conversation entamée ainsi. Mademoiselle Robin d'ailleurs paraissait pleinement convaincue qu'elle serait la femme de Trencavel. Ses paroles étaient positives, il fallait la dissuader; et Léopold s'y déterminant :

— Je ne suis pas heureux, dit-il : des raisons d'âge m'éloignent de madame votre mère, et celles de l'inégalité de fortune ne me permettent pas de songer à vous; vous êtes très-riche, mademoiselle, j'ai dix-huit cents livres de rente.

— Allons, *quelle farce chantez*-vous là! il est vrai, Léopold, que, lorsque je me suis mise à vous écrire, vous étiez un pauvre diable d'avocat stagiaire qui aviez bon besoin de méchantes causes à plaider pour vous amasser un petit *de quoi;* mais la chose a bien changé de face: depuis ce moment, votre sœur est riche comme le juif Rothschild; on dit qu'elle fait la bêtise de vous donner six millions, et, comme vous les empocherez en riant de la folie d'Apolline, il me semble que c'est moi alors qui serai moins *fortunée* que vous; si vous aviez dit non lorsque j'avais le *quibus* en majorité, vous étiez dégagé; mais, mon *bel oiseau*, vous n'avez donné alors aucun signe de vie: or qui ne dit mot consent; je me suis dès ce moment regardée comme votre femme légitime, et aujourd'hui que vous êtes un Crésus, vous ne me ferez pas l'affront de me rejeter en manière de vieille savate.

L'adresse grossière de cette attaque atteignit directement Léopold. Il comprit la faute qu'il avait commise en retardant un refus arrêté dès le premier instant dans son esprit, et déplora l'avantage qu'Elmonde pourrait en prendre; néanmoins, fort de sa conscience, qui ne l'accusait aucunement de calcul, d'avidité, il répondit à la jeune fille :

— Vous êtes dans l'erreur touchant le changement survenu dans ma position : Elle reste toujours la même; ma sœur a bien eu la générosité de m'offrir le partage du legs de notre oncle, mais je me suis refusé à l'accepter.

— Allons, quelle bourde vous me contez-là ; on repousse trois cent mille francs de rente! qui en ferait autant? personne; vous pas plus qu'un autre, car enfin le bon sens ne vous manque point.

— Il faut pourtant que cela soit ainsi, repartit Léopold, qui, commençant à s'accoutumer à sa position, éprouvait moins d'embarras à se retirer des instances de mademoiselle Robin; car je suis résolu à ne pas diminuer d'une obole la part que ma sœur possède : dès lors je demeure, comme vous l'avez dit, un pauvre avocat, et ma délicatesse m'interdit de m'enrichir à vos dépens.

—Je vous voulais lorsque vous n'aviez rien, reprit Elmonde, parce que je vous trouvais *gentil* et *bon enfant ;* vous n'avez pas changé, et le marché tiendra ; d'ailleurs vous me promettez de bien faire *rager* la veuve Robin, c'est à quoi je tiens ; car si vous saviez comme elle me rend malheureuse ! elle *bougonne* toujours, m'*agonise* d'injures, m'*invictime* du matin au soir ; je suis, à l'entendre, une dérangée, *une sale*, une coureuse, une coquette, je cours après les hommes ; voyez la calomnie. Oh ! comme elle enragera de me voir mariée avant elle ! Ah ça, Léopold, quel jour m'enleverez-vous ?

— Mademoiselle, répondit Trencavel, en cherchant à donner de la solennité à ses paroles, je suis flatté de l'intérêt que vous me témoignez ; mais, je vous le répète, mes principes ne me permettent pas d'épouser une femme plus riche que moi, et encore contre la volonté de ses parens. Je respecte les droits de votre mère...

— Fort bien ! je vois ce qui en est, la veuve Robin vous semble plus riche que sa fille ; vous vous trompez, elle n'aura que du viager, si je *la plaide*, m'a dit un avoué qui m'en veut, et que je laisse *en plan* pour vous ; quant à sa fortune personnelle, je ne dis pas qu'elle ne soit *conséquente* ; mais à tout prendre, ma jeunesse vaut mieux que ses quarante-cinq ans. Je suis une *bonne enfant* que vous mènerez à votre fantaisie. *Je ne porterai pas les culottes*, je vous le promets ; quant à vos principes, ce sont des *fichèses* dont vous devez rire, et puisque vous ne voulez pas du bien de votre sœur, prenez le mien.

— Cela est impossible, mademoiselle, je vous le répète avec désespoir ; d'ailleurs je dois vous avouer que des engagemens antérieurs...

Léopold se lançait vers le mensonge, ne sachant par quelle autre voie se sauver.

— Et pourquoi venir roder autour de ma mère, puisque vous êtes déjà promis ?

Trencavel répliqua en affirmant qu'il ignorait ce qui s'était passé à son égard entre M. Morase et madame Robin le jour où il était venu chez celle-ci ; que, s'il en avait soupçonné la moindre chose, il se serait mis à l'écart. Il conclut par exprimer de nouveaux regrets de ne pouvoir répondre convenablement à la faveur qu'on daignait lui faire.

— Ainsi, reprit Elmonde désappointée, tous ces beaux propos sont un *va-t-en* que vous m'adressez, et qui est, s'il vous plaît, la péronnelle digne d'entrer dans votre couche, puisque moi avec mon *magot* je ne suis pas faite pour cet honneur? Je gage que c'est une *ci-devante* bien fière, bien grande qui manque de chemises et de souliers ; en vérité ce sera une bonne maison que vous ferez ensemble; la soif et la faim. Tous les avocats vos confrères vous siffleront joliment de cette bêtise. Il n'y en a pas un d'entre eux qui ne vînt à mes genoux si je lui faisais *chit chit*; mais vous réfléchirez.

— Ce sera vous, mademoiselle, qui comprendrez enfin combien je suis peu digne de votre indulgence.

— Je vous veux pour mari ; d'abord, parce que je tiens à faire crever de dépit la veuve Robin ; ensuite, parce que j'ai dit à mes amies, à notre portière, à notre fruitière, qui est une brave femme, à la langue bien pendue, que j'allais épouser un noble, neveu d'un prince et cousin germain d'un autre prince. Si la noce ne se faisait pas, tout le quartier se rirait de moi ; vous ne le voudrez pas sans doute.

— J'en aurai beaucoup de regret ; mais en serai-je coupable ?

— Il fallait répondre sur-le-champ à ma lettre... Tenez, Léopold, ne me faites pas mettre en colère, car je casserai, briserai tout ici, et puis je me tuerai, afin de vous faire pièce. Que voulez-vous que je vous assure par contrat de mariage? tout si vous le souhaitez, c'est là j'espère une *fameuse* affaire ; allons! ne faites pas le *mauvais*.

L'inquiétude de Léopold augmentait de plus en plus, à mesure que la jeune Robin développait son caractère. Il ne savait plus comment en finir avec cette extravagante. Il était certes très-déterminé à ne lui donner aucune espérance, à ne point prendre surtout le moindre engagement, et néanmoins il craignait un acte de violence commun aux personnes que les liens d'une éducation relevée ne retiennent pas. Il ne voyait nulle issue, et, continuant à se défendre avec ménagement, il se sauvait au moyen de cette passion imaginaire dont il s'était déjà appuyé sans trop savoir ce qu'il faisait; mais Elmonde n'était pas femme à s'arrêter devant un pareil obstacle. Elle avait trop de confiance dans sa beauté, sa fortune, son *bon ton*, et Léopold ne gagnait rien, lorsque vint à son secours Astasie en personne accompagnée de Rinaldi Fontoreza.

La vue de ces deux personnages parut à Léopold un bienfait de la providence, et, sans plus réfléchir, empressé seulement de se sauver, il s'adressa au jeune Italien.

— Signor, lui dit-il, je vous trouve à propos pour vous rendre la réponse secrète que je vous dois. Vous plairait-il de sortir avec moi pour l'entendre.

Léopold craignait que Rinaldi ne témoignât de l'étonnement de ce qu'il lui disait, puisque toute intimité entre eux était rompue depuis quelque temps ; mais Rinaldi, au lieu d'en agir ainsi, répliqua avec empressement :

—Vous me tirez de peine, monsieur, puisque vous êtes en mesure de me contenter, et avec la permission de ces dames, nous monterons dans votre appartement.

Ni Astasie ni Elmonde ne parurent satisfaites du départ des deux jeunes gens : la seconde fit un geste comme si elle eût voulu retenir Léopold par le bras ; mais déjà celui-ci avait pris le chemin de l'escalier dérobé, où Rinaldi le suivait avec empressement.

CHAPITRE XXVIII.

Il est souvent plus difficile d'arriver au but souhaité par la raison que par la folie.

Recueil de Maximes.

Le Certificat d'Origine.

Quelle cause engageait Rinaldi à fuir pareillement avec une insistance marquée la présence de mademoiselle Morase, ainsi que Léopold le faisait à l'égard d'Elmonde Robin ? Elle provenait d'une explication à peu près pareille qui venait d'avoir lieu, et où

Astasie avait agi avec peu de retenue et beaucoup de précipitation.

Elle était dans sa chambre toute seule, lorsque Rinaldi, qui se sauvait de la faiblesse de son cœur à la suite de la rencontre d'Apolline, arriva dans le salon, où il trouva madame Doussel. Le besoin d'échapper au choc de ses émotions intérieures fut si puissant que, pour la première fois peut-être, il entama une conversation animée avec cette femme si peu en rapport avec lui. Elle, charmée de le voir dans ces dispositions, pensa que le moment serait favorable pour provoquer une entrevue entre Rinaldi et sa nièce ; en conséquence, elle amena ce dernier dans sa chambre, où Astasie se trouvait en ce moment.

Cela n'était pas conforme aux idées de Rinaldi, et néanmoins, entraîné par son dépit, par la froideur avec laquelle Apolline l'avait reçu, il s'avisa, en amant véritable, d'essayer de se venger d'une infidèle, en affectant devant elle une nouvelle passion plus calme. Il aurait eu honte d'un détour semblable ; mais alors ému trop vivement pour réfléchir, il se laissa aller à cette inspiration si ordinaire aux cœurs agités, ne vit que le plaisir du moment, et se montra affectueux envers Astasie comme jamais il ne l'avait été jusque là.

Madame Doussel en demeura frappée. Avec un esprit d'intrigue, dont on ne l'aurait pas crue susceptible, elle comprit combien il importait à l'accomplissement des plus chères espérances de sa famille qu'Astasie profitât d'une aussi heureuse disposition. Alors, et sans s'embarrasser des convenances, elle se leva, quitta la chambre, et s'en fut donner à Anna, la soubrette, l'ordre d'interdire l'entrée à tout importun qui se présenterait.

Ce n'était pas chose trop extraordinaire que la sortie de madame Doussel. Il était rare qu'elle demeurât long-temps en place : chargée de l'administration de la maison de son frère, les motifs ne lui manquaient pas pour aller et venir presque sans repos. Déjà Rinaldi s'était trouvé seul bien souvent, tantôt avec Apolline, tantôt avec mademoiselle Morase, ou avec elles deux ensemble ; ainsi le départ de la veuve ne l'étonna point. Astasie, qui devina le projet de sa tante, en éprouva une satisfaction qu'elle se garda bien de montrer, afin de ne point éveiller la défiance du jeune Italien.

Celui-ci continuait son rôle de galanterie empressée; il cherchait par la vivacité de ses paroles un secours contre ses sentimens intérieurs. Astasie paraissait l'écouter avec une sorte de nonchalance muette, qui la servait mieux que des réponses mal dirigées; mais enfin, sortant tout à coup de cette froideur affectée :

— Signor, dit-elle, à qui maintenant croyez-vous parler? à ma cousine ou à moi?.. Oui, continua-t-elle encouragée par la stupéfaction que ces paroles amenèrent sur la physionomie de Rinaldi, est-il convenable que vous passiez ainsi de l'une à l'autre? N'êtes-vous pas fixé auprès de mademoiselle de Trencavel.

—Moi, répondit Rinaldi, en tressaillant au souvenir qu'il se rappelait, avec amertume, de la scène si rapprochée qui venait d'avoir lieu, dans ce cas, je serais bien à plaindre, car on ne songerait pas à moi.

—Il est vrai, répliqua Astasie, charmée à son tour d'un propos qui lui annonçait peu de contentement de la part de Rinaldi; il est vrai que ma cousine, depuis son changement de position, a complètement changé en même temps; on ne la reconnaît plus; sa famille même lui semble étrangère. Je ne serais donc pas surprise qu'elle traitât ses amis avec la même indifférence.... On croit d'ailleurs qu'elle penche vers un mariage avec ce M. de Saint-Estève, né du sang d'un roi, mais du côté gauche.

—Et vous croyez que cette union peut avoir lieu?

—Ma cousine la repoussait, lorsqu'elle était sans fortune, et par caprice sans doute, puisque maintenant on la voit prête à y consentir.

—Je souhaite qu'elle y trouve le bonheur.... Mais l'aura-t-elle, avec tant d'inconstance?

—Ma manière de penser, dit Astasie, est loin de ressembler à la sienne. Si jamais j'étais payée de retour de celui à qui j'accorderais ma tendresse, fût-il peu ou point riche, noble ou roturier, je ne changerais pas.

—Et bien vous feriez, mademoiselle.

—L'essentiel est de bien choisir, et la chose faite, on ne doit plus se détacher.

—Votre cousine suit d'autres maximes, elle va au gré de sa fantaisie.

—Et on ne laisse pas que de s'attacher à elle, on la préfère à qui saurait mieux aimer.

Ceci devenait clair. Rinaldi avait trop de sagacité pour ne pas s'apercevoir où tendait Astasie. Il y eut un moment où son courroux lui conseilla une imprudence; mais la sagesse, arrivant à propos, le retint; il n'alla pas aussi loin qu'on voulait le conduire; et, tout en se retenant sur une limite raisonnable, il en dit assez pour laisser croître les espérances d'Astasie, et par là obtenir la facilité de causer intimement avec elle lorsque mademoiselle de Trencavel serait là. C'était son unique but, celui de punir Apolline de son inconstance, en lui faisant voir qu'on savait l'imiter.

Etait-ce bien convenable? Fallait-il inspirer à une jeune personne des idées dont le mécompte pourrait lui être pénible? Non, sans doute; mais qui suit toujours la ligne droite, qui, surtout à l'âge de Rinaldi, n'en dévie pas suivant l'impulsion des passions qui nous égarent?

Mais Astasie ne pouvait marcher pas à pas au gré de son guide, et en s'arrêtant où il plairait à celui-là : dès qu'une lueur de succès lui fut offerte, elle la vit en lumière brillante, c'est-à-dire, en termes vulgaires, qu'elle crut à la possibilité de ramener à elle l'amour de Rinaldi ou du duc de Minotaro; il en résulta qu'elle devint plus expansive, qu'elle disserta sur les charmes d'une union entre deux cœurs qui s'entendraient bien, et alla si loin sur cette route, que Rinaldi s'effrayant des progrès qu'il faisait malgré lui, jugea convenable de cesser un entretien déjà dangereux, et se leva pour partir.

Astasie le suivit, ayant force choses à dire, des commisions à lui donner, et dont il devrait lui rendre compte le lendemain; il essayait d'éluder une obéissance qui aurait pour résultat de le lier, ce qu'il ne voulait pas; aussi éprouva-t-il un soulagement inexprimable, lorsque, au sortir de la chambre de madame Doussel, il rencontra dans le salon Léopold avec Elmonde, et, quand le premier lui eut témoigné le désir de lui parler en particulier, il le suivit avec empressement, sans s'embarrasser de ce qu'il avait à lui dire : l'essentiel pour lui, était de se sauver du péril du moment.

Léopold de son côté avait peu réfléchi à sa démarche, elle avait lieu envers un homme qu'il avait offensé, qu'il traitait avec une froideur extrême ; comment s'expliquerait-il avec lui, comment pourrait-il le satisfaire? C'est ce qu'il se demandait tandis qu'il montait l'escalier dérobé, et se dirigeait machinalement vers sa chambre, suivi toujours de l'Italien. Lorsqu'ils y furent entrés, Léopold sentit son inconséquence avec une nouvelle vivacité; son appel n'aurait eu rien de désagréable fait à un indifférent; Rinaldi, au contraire, était désormais en droit de se plaindre de tout ce qui ne le satisferait pas, et, pour avoir agi envers lui avec cette familiarité, fallait-il en fournir un prétexte plausible.

Rinaldi était là, ses idées rentrant dans leur place naturelle à mesure qu'il s'éloignait d'Astasie, il s'émerveilla de la prière de Léopold, et manifestait de l'impatience pour qu'il lui confiât ce qu'il lui voulait, et Trencavel, de plus en plus inquiet sur ce qu'il avait à dire, gardait le silence; Rinaldi, dans son impatience, fut le premier à le rompre.

— Je suppose, dit-il, que, pour me séparer de la compagnie de deux jolies femmes, monsieur Léopold a eu un motif que sans doute il va me confier.

— Je le dois, monsieur, reprit Léopold, c'est un point que je ne nie pas, et pourtant à présent que nous sommes ici, j'ai de la peine à vous répondre catégoriquement, vous seriez très-indulgent, et j'aurais force grâces à vous rendre si votre droit se contentait de l'aveu que votre présence et ma prière si vite exaucée, m'ont retiré d'une position désagréable.

Rinaldi se prit à rire en réfléchissant à la

similitude de sa position avec celle de Trencavel, aussi repartit-il sans nuance de mauvaise humeur :

— Je me plais à croire que le service que j'ai pu vous rendre n'a eu rien de commun avec celui dont je vous suis redevable à mon tour.

— Vous, monsieur, dit Léopold, étonné! en vérité, si la chose était....

Il s'arrêta, et Rinaldi prenant la parole :

— Chacun de nous était engagé de conversation avec une demoiselle ...charmante, et en circonstance pareille, il est rare qu'on remercie qui vous arrache à une si douce occupation.

— Eh bien! dit Léopold, ma situation était telle que j'aurais payé d'une forte somme le secours que vous m'avez accordé involontairement.

— Comme j'en aurais offert une non moins considérable ; je crois que nous voilà quittes pour cela au moins.

— C'est singulier, ne put s'empêcher de

dire Trencavel, étiez-vous donc si pressé de quitter mademoiselle Morase?

— Il paraît d'après votre question, répliqua Rinaldi avec gaîté, que la compagnie de mademoiselle Robin ne vous plaisait guère, et voyez comme le public se laisse aller souvent à l'erreur, on a répandu le bruit.....

— C'est une imposture, s'écria Léopold, impatienté, jamais je n'ai tourné mes affections vers cette demoiselle, et ma position ridicule et pénible tantôt en sa présence....

— Je serais peu étonné que mademoiselle Robin crût à la possibilité de devenir votre femme; elle est riche, vous êtes pauvre.

— Je le sais, monsieur.

— Oui, mais vous êtes noble et elle roturière, et en dépit de nos démocrates, ceci rétablit entre vous l'équilibre; si mes soins vous sont utiles auprès de cette aimable personne, je vous les offre de bon cœur.

Cette plaisanterie déplut à Léopold, qui, répondant avec hauteur:

— Je suis désespéré que le signor Rinaldi me force à lui rappeler mes opinions sur le fait de mes alliances.

— Ce serait inutile, monsieur, car vous m'avez frappé trop douloureusement, pour que j'aie pu oublier vos principes, et c'est manquer de générosité que de continuer à humilier un pauvre marchand napolitain.

L'urbanité de Léopold ressentit vivement ce reproche, bien qu'il fût fait avec un accent de raillerie marqué, il se hâta de dire :

— J'ai tort, monsieur Rinaldi, et je vous prie de m'excuser.

— Oh! repartit celui-ci, vous n'en serez pas quitte avec une formule de politesse, et en vertu de mon titre d'offensé, je vous demanderai de me confier la cause réelle de l'appel que vous avez fait à mon secours.

— En vérité, la loyauté française s'y oppose, sans cela croyez que je me serais soumis de bonne grâce à la peine qu'il vous plaît de m'imposer.

— Eh bien! je vais suppléer à votre discrétion. Je suis certain que mademoiselle

Robin vous offrait le troc de votre titre de comte contre sa personne et ses biens présens et futurs.

Léopold n'affirma ni ne dénia.

— J'ai deviné... Oh! vous branlez en vain la tête; il faut convenir qu'au même instant, tous les deux nous avions une destinée semblable.

— Monsieur! vous oubliez que mademoiselle Morase est ma parente.

— Il est vrai que je perds parfois la mémoire, repartit Rinaldi en riant; mais il est si bizarre de voir deux jeunes gens jouer ici le rôle de jeunes filles... Au nom de Dieu, n'allez pas conclure de ce que je vous conte que je suis un avantageux; j'ai voulu seulement vous montrer que l'on ne me rebute pas de tout lieu.

— Et pour cela, monsieur, repartit Léopold gravement, devient-il nécessaire de compromettre ma cousine-germaine, et de rappeler un autre succès dont le souvenir devrait être oublié.

— Monsieur de Trencavel, vous êtes d'humeur querelleuse, et moi je suis aujourd'hui de mauvaise humeur ; on me refuse celle qui aurait fait le bonheur de ma vie ; on m'offre avec une sorte d'opiniâtreté celle qui en ferait le malheur, et vous prétendriez que je dois également taire l'une et l'autre infortune ; me plaindre est mon avantage unique, ne me le disputez pas.

— Mademoiselle Morase, dit Léopold, est riche, et il me semble qu'un mariage avec elle...

— Eh! monsieur, pourquoi n'êtes-vous pas mon rival, j'aurais tant de plaisir à vous prouver ma profonde révérence en vous sacrifiant le charme que me procurerait cette union.

Rinaldi mit une telle vivacité à débiter cette phrase, que Trencavel ne put conserver son sérieux. L'Italien alors poursuivant :

— Soyez tranquille, monsieur, touchant le succès de mes autres prétentions, elles sont anéanties sans retour ; votre sœur a fait un choix, puisse-t-il ne pas la tromper dans ses espérances ! quant à moi, je ne cesserai de la regretter... Votre cousin, le prince d'Amalfi, partagera mon chagrin à cause de l'amitié qu'il me porte... et tenez, s'il faut que je vous parle avec pleine franchise, lui-même aurait vu avec intérêt le succès de ma présomption.

Léopold était instruit nouvellement, comme le lecteur se le rappelle, des rapports existans entre le prince d'Amalfi Trencavel et Rinaldi Fontoreza. Il savait qu'une tendre amitié les liait ensemble depuis leur enfance; néanmoins il ne pouvait croire que le prince Lucio eût assez peu le sentiment des convenances pour consentir à ce qu'une aussi proche parente devînt la femme d'un marchand. Léopold fut donc piqué de cette assertion téméraire, et pour le punir, il répondit avec une expression dédaigneuse:

— La preuve de ce que vous avancez, vous serait elle facile à administrer ?

— Oui, sans doute, repartit Fontoreza, si elle pouvait me servir; mais à quoi bon la fournir, lorsque votre sœur est promise ?

— Pas encore, du moins, dit involontairement Léopold.

— Et si elle aime aujourd'hui le marquis de Saint-Estève.

— Mon cher monsieur, dit Trencavel, touché du chagrin qui revenait sur les traits de l'Italien, ne vous tourmentez pas d'un fait auquel vous devez demeurer indifférent. Je vous plains, je voudrais pouvoir combler vos vœux; tout s'y oppose, et vous vous montreriez à nous de manière à conquérir notre estime, si, prenant un parti généreux, vous repartiez pour Naples; le prince Lucio vous en saurait gré pareillement.

— Oh! pour cela non, repartit Rinaldi avec véhémence, Amalfi serait désespéré que je revinsse sans sa belle cousine, et pour vous convaincre de ce que j'avance, tenez, monsieur de Trencavel, prenez cette pièce, lisez-la, méditez-la surtout.

Et en parlant ainsi, Rinaldi présentait un écrit sous enveloppe ouverte, scellé du sceau des Trencavel uni à celui de la maison napolitaine d'Amalfi. Léopold, étonné d'une assertion pareille corroborée par une preuve à laquelle le prétendant paraissait avoir pleine confiance, céda à sa curiosité, et acceptant le titre singulier, le déploya, l'ouvrit, et lut à haute voix ce qui suit :

« Nous, Jules Lucien de Trencavel, » prince d'Amalfi et de Ronturma, duc de » Spoli et de Minotaro, marquis de Caminata, etc., chevalier de l'ordre royal de Saint-Janvier, colonel d'un régiment au service » de S. M. napolitaine, déclarons à qui appartiendra; qu'intimement uni de cœur et » d'ame au sieur Rinaldi Fontoreza, nous se- » rions trop heureux s'il obtenait en légitime » mariage notre chère cousine, mademoiselle » Apolline de Trencavel; ajoutons que pour » rendre possible cette union, nous sommes » déterminés à concéder légalement au dit » sieur Fontoreza la moitié de notre fortune, de nos titres et même plus encore, » si besoin en est! en foi de quoi, avons écrit » ceci de notre main, y avons mis notre signature, et apposé le sceau de nos armes.

Lucien de TRENCAVEL,
prince d'Amalfi. »

Léopold lisait lentement, pesant chaque mot, et s'efforçant de contenir sa surprise de plus en plus croissante ; mais à mesure qu'il avançait, ses soins étaient inutiles, et à la dernière phrase, il s'écria :

— En vérité, c'est là une pièce étrange, un monument de folie...

— Pourquoi pas d'amitié et d'estime.

— Est-ce croyable! céder à son frère de lait la moitié de sa fortune, de ses titres.

— C'est au moins libéral.

— Faire d'un négociant un prince !

— Cela s'est déjà vu.

— Et la cour de Naples y consentirait ?

— Elle ne refusera rien de ce que Lucio demandera pour Rinaldi.

— C'est très-extraordinaire, et un tel acte...

— Je vous le confie, monsieur, je le dépose dans vos mains où il sera aussi bien que dans les miennes, dit Rinaldi d'un ton si digne, et en prenant une attitude si majestueuse, que Léopold convint à par soi que si la noblesse consistait dans la beauté des formes et la grâce des manières, Fontoreza serait gentilhomme incontestablement ; cependant il ne pouvait revenir de la surprise où l'avait jeté cet incident bizarre, et il demanda à Rinaldi pourquoi il n'avait pas montré cette pièce lors de la visite que lui, Trencavel, lui avait faite de concert avec le chevalier de Lens.

— Alors, dit Fontoreza avec mélancolie, je ne croyais pas en avoir besoin; je pouvais lutter contre votre voeu, soutenu par une personne qui m'est bien chère, et je mettais de la vanité à ne devoir mon triomphe qu'à mes seules armes. La destinée en a décidé autrement, votre oncle a prodigué des millions à votre sœur, il ne m'est plus possible de l'enrichir, et en même temps il m'est prouvé qu'elle m'abandonne; je dois sans doute céder à mon malheur, s'il est certain; mais j'ai tenu à vous montrer que la présomption du commis était appuyée sur l'amitié du prince, et que si on avait consenti à m'accorder mademoiselle de Trencavel, je ne l'aurais pas fait descendre au-dessous du rang où sa naissance l'a placée.

— Tout cela, je le repète, est fort singulier, dit Léopold, et ce qui ne me semble pas moins étrange, c'est le silence de notre parent envers nous. Il donne à un de ses amis un titre qui tend à le rapprocher de sa famille. Il sait où est celle-ci et il ne s'adresse pas directement à elle, et aucune lettre bienveillante ne nous parvient. Ce procédé a blessé mon cœur. Il est vrai que j'étais pauvre, ainsi qu'Apolline, lorsque vous êtes venu en France, et alors nous ne méritions pas une marque particulière de l'attention de notre cousin.

On aurait pu croire que ces reproches tombaient directement sur Rinaldi au chagrin profond qu'ils répandirent sur ses traits et à la vivacité qu'il mit à y répondre.

— Je suis charmé, dit-il, que mon infortune me fournisse la faculté de défendre Lucio. Il a tort, sans doute, en apparence, peut-être même au fond n'est-il pas irréprochable en toute sa conduite ; mais enfin des raisons atténuantes existent en sa faveur, et je vais vous les faire connaître. Vous ignorez peut-être que, dès avant la révolution française, en 1789, la famille Trencavel était déchirée par des querelles intestines qui éloignaient ses membres les uns des autres.

— J'en ai ouï parler confusément, dit Léopold.

— Elles avaient tant d'âpreté que déjà le prince de Montalban, connu alors sous le titre de chevalier de Trencavel, s'était entièrement séparé de son père et de son frère. Celui-ci eut deux fils, le comte votre père, et le marquis, père de Lucio. Ceux-ci n'étaient pas non plus d'accord, et au moment de l'émigration, quoiqu'ils fussent très-jeunes, ils se séparèrent sans chagrin et cessèrent de correspondre ensemble. Le comte alla rejoindre l'armée des princes. Le marquis passa en Italie, et vint à Naples. Là, au bout de plusieurs années, il épousa la seule héritière des princes d'Amalfi. Il crut devoir servir les rois Joseph Bonaparte et Joachim Murat. Ce lui fut un grief aux yeux de votre père, qui ne rentra en France qu'avec la famille royale, en 1814. Votre oncle était déjà mort depuis quatre ans. Votre père se maria peu de mois après son retour et vous naquîtes alors. Il tarda peu à descendre au tombeau ainsi que votre mère. Tous ces faits vous sont présens.

— Assez pour briser mon cœur, répondit Léopold.

— Eh bien! continua Rinaldi, la princesse d'Amalfi avait peu entendu parler de la famille de son mari, et elle ne pouvait la traiter qu'avec indifférence. Le comte de Trencavel ne lui donna pas communication de son mariage, qu'elle apprit néanmoins par voie indirecte, et dont elle fut peu charmée. Un faux rapport lui fut conté, que son beau-frère s'était uni à la fille d'un commerçant. C'était la belle-sœur qu'il fallait dire. La princesse d'Amalfi, très-ardente à soutenir la route de la noblesse, s'irrita de cette mésalliance prétendue, et qui n'en était pas une, puisque madame votre mère était noble, mais sans fortune. Votre père vécut peu, ai-je dit, et à sa mort, que l'on ne communiqua pas plus que son mariage à vos parens de Naples, tous liens de famille furent rompus, et à tel point que le prince Lucio ignora l'existence des Trencavel de Paris, tant que sa mère vécut. A sa mort, arrivée il y a un an environ, des papiers, qu'il rencontra au fond d'un secrétaire, l'informèrent qu'il n'était pas seul de son nom. Ceci piqua sa curiosité; il s'adressa à l'ambassadeur de Naples, à Paris, au prince de Castelcicala. Celui-ci mit beaucoup de zèle à répondre à la confiance de Lucio; mais il eut de la peine à vous démêler au milieu de la foule qui se presse à Paris. Cependant il parvint à connaître votre position: elle était peu heureuse. Il se préparait à transmettre ces renseignemens à mon ami, lorsque lui-même frappé du choléra mourut presque subitement; ceci occasiona encore un retard dans l'envoi des lumières attendues à Naples sur votre compte. Le premier secrétaire d'ambassade les expédia pourtant; le prince d'Amalfi les eut enfin en sa possession : elles lui causèrent une vive douleur, et alors...

Rinaldi suspendit son récit, et Léopold, qui en fut étonné, répéta, pour l'engager à poursuivre :

— Et alors....

— Il me donna la commission de venir à

Paris. Je devais me lier avec vous, étudier votre caractère; et croyez que, si Lucio se fût montré généreux envers un ami, il aurait encore mieux rempli ses devoirs envers ses proches.

CHAPITRE XXIX.

Le caprice de notre humeur est encore plus bizarre que celui de la fortune.

LAROCHEFOUCAULT. *Réflexions morales.*

Les Idées d'autrefois.

Léopold écoutait avec un intérêt toujours croissant ce que Rinaldi débitait avec chaleur. Il reconnaissait dans celui-ci un agent intelligent et fidèle du prince d'Amalfi. Son cœur, en même temps, s'ouvrait au plaisir d'apprendre que le seul parent de son nom, dont l'âge se rapprochait du sien, ne l'avait pas complétement oublié. Ceci enlevait un poids pénible qui l'accablait depuis long-temps. Il éprouvait une satisfaction d'autant plus douce que la démarche de Lucio, en envoyant à Paris Rinaldi Fontoreza, avait devancé de plusieurs mois la résolution nouvelle du prince de Montalban. Toute sa personne exprima sa joie naïve; mais en même temps il dit à Rinaldi :

— Et vous avez pu conserver si long-temps un pareil secret ! Vous êtes coupable de la prolongation de mon injustice envers notre cousin germain.

— Mon crime, répliqua Rinaldi, est encore plus grand, puisqu'il a pris sa source dans ma folie. Dès mon arrivée, je me suis avisé d'aimer tout à la fois mademoiselle de Trencavel et de me laisser prendre aux filets d'une coquette usagée. Je me suis débattu d'abord entre ces deux sentimens. L'un pur comme la vertu; l'autre assez peu honorable. Le premier l'a emporté. Je me suis attaché à votre aimable sœur; elle a bien voulu approuver mes soins. Vous vous êtes jeté à la traverse, et lorsque je luttais de mon mieux contre un aussi fort adversaire, voilà que pour m'achever est survenu le prince de Montalban, avec tous ses millions. Un mur d'airain s'est élevé entre votre sœur et moi. Dix intrigues se sont croisées pour déraciner dans son ame le faible attachement qui y croissait pour moi, et au milieu de ce tourbillon pénible, je ne me suis plus souvenu de ma mission, et, en franc égoïste, j'ai travaillé uniquement pour mon compte. Qu'avais-je d'ailleurs à mander à Lucio qui ne lui fût pas amer? La générosité du prince de Montalban ne lui permettait plus d'offrir à votre sœur une portion de ses richesses, et vous à qui, soyez-en certain, il réservait une existence digne de votre nom, vous aussi lui échapperez : car le prince de Montalban, par son cadeau magnifique à l'égard de mademoiselle de Trencavel, annonce bien assez ce qu'il réserve au rejeton aîné de son antique famille. Si cependant un caprice du sort vous était contraire, soyez persuadé que le prince d'Amalfi fera son devoir.

— Je l'en remercie, dit Léopold, et ma

reconnaissance lui en est irrévocablement acquise. J'espère aller la lui témoigner en personne, quoique bien décidé à ne pas accepter ses bienfaits. Je pense comme vous au sujet des intentions de mon grand-oncle. Ma sœur d'ailleurs m'offre, ce que je n'accepte pas non plus, le partage de sa fortune actuelle. A Dieu ne plaise que je m'enrichisse aux dépens de mes parens.

— Oh! répliqua Rinaldi, vous êtes d'autant plus digne des biens que de divers côtés on vous réserve que vous ne les ambitionnez pas.... Maintenant, monsieur de Trencavel, et en attendant qu'en votre compagnie je fasse le voyage de Naples, me traiterez-vous avec autant de froideur que par le passé? je vous préviens que s'il vous plaît d'avoir de l'amitié pour Lucio, il faudra m'admettre en tiers, car entre lui et moi tout est commun.

— Vos qualités, repartit Léopold, vous recommandent assez sans que d'autres secours militent en votre faveur, et je vous promets que je ne reculerai pas quand il s'agit d'une liaison intime avec vous. Je voudrais même vous promettre davantage...

— Vous ne pouvez plus rien à ceci, répliqua Rinaldi en l'interrompant avec chagrin ; votre sœur a prononcé, et mon malheur est au comble. Quant au marquis de Saint-Estève, son bonheur peut être troublé....

— Vous l'imaginez plus grand qu'il n'est peut-être. On croit ma sœur portée pour lui. Je crois, moi, qu'elle le voit avec indifférence. D'ailleurs ce personnage me plaît peu, et je ne le connais pas assez....

— Vous me rendez la vie! s'écria Rinaldi impétueusement.

— Signor, souffrez que je vous répète qu'en vous disant la vérité je n'ai prétendu vous offrir aucune espérance.

— Oh! vous êtes un orgueilleux gentilhomme, reprit Rinaldi avec moins de douleur et dont les yeux se remplirent soudain d'une flamme malicieuse. Quoi qu'il en soit, monsieur, cette explication avec vous me fait un bien que je ne pourrais exprimer. Si je l'avais eue lorsqu'il vous plut de me faire une visite menaçante, tout aurait été mieux pour moi. Maintenant, et afin qu'il ne reste plus rien sur mon cœur, et pour vous provoquer à une confiance que je ne vous inspire guère, je vous dirai, sous le sceau du secret, que je peux devenir votre cousin, sinon votre beau-frère, et que tantôt, lorsque je vous ai sauvé de mademoiselle Robin, vous m'avez délivré de mademoiselle Morase.

— Ah! répondit Léopold d'un ton de reproches, vous revenez encore à cette indiscrétion.

— En est-ce une? Le père, la tante et la fille me poursuivent avec un acharnement très-honorable dont je les dispense néanmoins. Le frère seul paraît se soucier peu que je lui appartienne. C'est une garçon capricieux. Naguère il voulait que j'épousasse votre sœur malgré vent et marée, et aujourd'hui il consentirait à ce que je revinsse à la sienne. C'est, je soupçonne, une girouette qui tourne au vent d'argent.

Léopold apprenait avec mécontentement cette alternative d'intrigues de ses parens maternels. Elle excusait en partie la légèreté de l'Italien, dont les manières lui semblaient peu en harmonie avec celles de sa caste. Tout en Rinaldi montrait l'homme de qualité, et principalement ce mélange de dignité, de badinage, cet art de tout dire sans blesser directement, ces plaisanteries non offensantes en des casgraves, ce que Léopold attribuait à la fréquentation du jeune homme avec le prince d'Amalfi; et peut-être regretta-t-il que les circonstances ne lui permissent pas de traiter Rinaldi plus favorablement.

L'un et l'autre se séparèrent très-satisfaits néanmoins de leur conversation prolongée outre mesure. Fontoreza était heureux de l'instruction que Léopold lui avait donnée touchant les sentimens d'Apolline envers le marquis de Saint-Estève, et le jeune Trencavel, de son côté, avait appris avec joie que son parent, loin de les oublier, lui et sa sœur, songeait à se rapprocher d'eux et à leur prouver la sincérité de ses affections de famille.

Dès que Rinaldi l'eut quitté, Léopold s'empressa d'aller faire part de tout ceci au chevalier de Lens, dont la surprise ne fut pas moindre que la sienne. Le vieux gentilhomme ayant tout appris trouva néanmoins fort inconvenant que Lucio eût engagé sa parole envers un simple marchand.

— A sa place, poursuivit il, j'aurais chargé d'une telle commission un bon gentilhomme, si même je n'étais venu moi-même. Quoi! toute son amitié, son vif désir de relever la branche aînée de sa maison consiste à vouloir unir mademoiselle de Trencavel à un homme dont le père peut d'un moment à l'autre faire banqueroute. Il y a là une légèreté, une irréflexion, un mépris des connaissances sociales que je suis loin d'approuver. Qu'en pensez-vous, Léopold?

—Je voudrais ne voir qu'une erreur dans la demande de mon cousin.

— Pourquoi nous embarrasser de Rinaldi? C'est un compère intelligent, bien tourné, très-agréable. Votre sœur ne l'oublie pas, et peut-être un jour sera-t elle à lui en franche insensée. Mon avis est qu'on la marie vite. Dieu merci, les partis ne manqueront pas.

— Que vous semble, demanda Léopold, du marquis de Saint-Estève ?

— Vous me faites rappeler que l'ambassadeur de .... a négligé de répondre à la note que l'ambassadeur d'Espagne lui a transmise à ce sujet. Dans tous les cas je suis éloigné de croire que ce prétendant convienne à votre sœur. On verra; il y a des hommes de qualité.....

Le chevalier de Lens s'interrompit, et Léopold le quitta peu après. Il sortait, lorsqu'il se ressouvint de la scène de la matinée, dont il avait été acteur principal, et il rentra pour faire part au chevalier du mariage qui lui était proposé par mademoiselle Robin. Ce fut d'un air sérieux qu'il s'énonça. Jamais impatience et mauvaise humeur pareilles à celles qui saisirent alors M. de Lens n'avaient pu se manifester de la même manière; sa physionomie s'alluma d'un rouge ardent, ses épaules se haussèrent avec dédain; et, enfin, interrompant Trencavel, qui pérorait encore :

—Fi, fi, l'horreur! dit-il, dans quel siècle vivons-nous? Quoi! une péronnelle, parce qu'elle possède quelques écus, viendra en effrontée se jeter à la tête d'un homme de bonne maison; votre sœur et vous seriez-vous poursuivis par la folie de la mésalliance? Monsieur le comte de Trencavel, j'ai un seul mot à dire, c'est que si par sot amour vous épousez cette créature, je vous déshérite de fond en comble... Que dis-je? ah! vous me faites extravaguer à votre exemple; oui, je vous ferai déshériter par le prince de Montalban!

—Rassurez-vous, monsieur, vous qui nous portez un intérêt si vif, mon cœur ne garde aucun sentiment tendre pour mademoiselle Robin. Je n'ai pas attendu vos menaces pour la remercier de ses bontés, et les refuser sans retour, je suis de ce côté parfaitement libre.

— A la bonne heure! que du moins de votre part je sois tranquille. Vous êtes un enfant, vous ne devez aucunement songer au mariage, mais plutôt à prendre bientôt votre volée vers Prague, où vous irez offrir vos services et prêter votre serment à S. M. Henri V, avant d'aller à Naples, où je juge convenable que vous alliez visiter votre parent... Savez-vous mon idée ? dit encore le chevalier, en se frottant les mains. A ce point il était content de son inspiration soudaine... C'est que vous feriez bien de vous munir du portrait d'Apolline, afin que le prince d'Amalfi ait honte du don qu'il aurait voulu faire à d'autres qu'à lui d'un aussi beau trésor. Oui, plût au ciel que votre cousin tournât vers votre sœur ses affections, ce serait un hymen...

—Impossible, monsieur, repartit Léopold, le prince est instruit des progrès que son ami a faits sur le cœur d'Apolline; et cet acte qu'on m'a confié, et que vous tenez en vos mains, ne laisse sur ce point aucun doute.

—Eh bien! il faut que cet Italien s'en aille, je le veux, dussé-je faire réclamer son renvoi diplomatiquement.

— Et sur quel prétexte, monsieur?

—Sur le premier venu, sur ma fantaisie, en payant. Nous sommes à une époque où avec de l'argent on trafique de l'honneur de la France, et pour peu que je paie bien le juste-milieu, la doctrine trouvera mille raisons d'état pour faire promptement décamper ce drôle.

Léopold ne put s'empêcher de rire, et en même-temps admira avec quelle véhémence le chevalier de Lens prenait à cœur la cause des Trencavel. Cependant il lui avoua qu'il désapprouverait tout acte de violence employé contre Rinaldi. Ce serait blesser le prince d'Amalfi, et recommencer des haines de famille qu'il témoignait si noblement avoir le désir d'éteindre entièrement.

— Il est trop vrai, repartit le vieillard vindicatif, que les Trencavel ont été les Atrides modernes au petit pied, non qu'aucun d'eux ait commis les crimes de cette maison détestable, mais enfin on s'y aimait peu, chacun tirait de son côté; et ce serait se rendre coupable que de ranimer ces funestes dissensions. Au demeurant, je vais écrire au prince d'Amalfi. Je vous conseille d'en faire autant. Expliquons-nous avec franchise, et je suis persuadé que lui-même nous délivrera du signor Rinaldi.

Léopold, trouvant cette voie plus convenable, approuva le projet du chevalier de Lens. Chacun entra dans son appartement, et se mit en mesure d'écrire, le chevalier avec véhémence et colère, ce qui le poussa à des révélations qu'il aurait dû retenir; Léopold, au contraire, avec tous les ménagemens possibles, et son épître affectueuse pour le prince était remplie à moitié de l'éloge de Rinaldi.

CHAPITRE XXX.

L'on ne se rend point sur le désir de posséder ou de s'agrandir.

La Bruyère, *du Cœur.*

Comment un tuteur sert son pupille.

—

Apolline était renfermée dans une petite pièce qui lui servait de cabinet de travail, un escalier particulier y conduisait du rez-de-chaussée, et ce dégagement était connu des seuls habitans de la maison; on descendait par là au jardin, le service en profitait;

mais aucun étranger ne le fréquentait. Apolline, occupée à broder un mouchoir qu'elle destinait à son frère, fut retirée d'une sorte de rêverie qui attachait son esprit, par deux coups modestes frappés à la porte du cabinet. Étonnée d'un cérémonial inusité parmi les domestiques, elle hésita à répondre : on heurta une seconde fois.

— Entrez, dit-elle, sans réfléchir sur la personne qui pouvait venir par là.

On profita de la permission, et quelle fut sa surprise de voir paraître M. Denisal, enveloppé dans un vaste manteau, et ayant son chapeau très-rabattu sur les yeux ; il s'avance en faisant des saluts profonds et multipliés à l'excès, en demandant humblement pardon à sa divine pupille de venir l'interrompre dans sa chère et féconde solitude ; il expliqua cette dernière épithète en parlant des réflexions sublimes, des pensées profondes écloses des rêveries de mademoiselle de Trencavel.

Ce verbiage non moins que l'arrivée mystérieuse de l'avocat étonna la jeune fille, très-disposée d'ailleurs à en rire, si son cœur n'eût pas été douleureusement ému au souvenir de la dernière rencontre qui avait eu lieu avec Rinaldi.

M. Denisal poursuivit le fil de son discours, et, avant d'en faire connaître l'objet, il ne négligea rien pour que la préparation lui en fût avantageuse ; enfin, croyant avoir donné la plus haute opinion de son éloquence poétique et judiciaire à mademoiselle de Trencavel, il aborda le point capital de la question.

— Je viens, dit-il, honteux, désespéré, mais cédant néanmoins à une foule de considérations humaines, je viens, dis-je, au nom de mon pupille Stephen Barrel, vous révéler l'amour que lui inspire votre beauté merveilleuse et le vif désir qu'il aurait de consacrer par les nœuds sacrés du mariage sa passion désordonnée.

L'avocat en prononçant cette phrase pompeuse paraissait mal à son aise ; on pouvait croire qu'il s'acquittait à regret de cette commission, ce qui frappa si bien Apolline que, dans sa réponse, elle y fit allusion.

— Je remercie, dit-elle, monsieur Barrel

de l'honneur qu'il veut me faire, je ne doute pas qu'il ne cherchât à compléter mon bonheur ; mais je suis peu disposée à me marier encore, et d'ailleurs il me semble que vous êtes au moins indifférent à ce projet d'union ?

L'avocat débuta par pousser un profond soupir ; il leva ensuite les yeux sur Apolline, puis les baissa par un mouvement rapide, et, ces préliminaires achevés, il prit la parole avec ce ton emphatique si commun à ceux de sa profession :

— Mademoiselle, un honnête homme a souvent des devoirs pénibles à remplir, j'ai dû au souvenir de feu madame Barrel, ma respectable amie, la déférence de servir de père à son fils ; il est orphelin, et moi son tuteur. J'ai veillé à la fois à la conservation de sa fortune, et au perfectionnement de ses études avec moins de succès en ceci qu'en cela. Stephen est un brave garçon, sans fiel, sans malice, doux comme un agneau, facile à gouverner, et pourtant c'est un loup furieux, un énergumène, un démon en personne ; il aime la danse, les cafés, il va partout où l'on s'amuse; il est gai, riant même, et toutefois c'est un farouche sauvage, un misanthrope, un ennemi de l'espèce humaine ; il soigne sa parure, se revêt de couleurs claires, recherche les fleurs et les parfums, trouve du plaisir aux repas où les huîtres, les truffes foisonnent ; son appartement brille de l'éclat des dorures et de la vivacité des étoffes ; et pourtant ce pauvre garçon passe la vie dans les forêts sombres, les catacombes silencieuses, à la Morgue, ne respirant que des odeurs fétides, se nourrissant de chair humaine....

— Ah ! grand Dieu ! s'écria mademoiselle de Trencavel, que signifient ces contrastes hideux ? Votre pupille aurait-il perdu la raison ?

— Il est poète, romantique, repartit froidement M. Denisal.

—Tout m'est expliqué, répondit Apolline avec gaieté.

— Tel qu'il est, mademoiselle, il voulait lui-même tomber à vos pieds pour vous demander l'obtention de votre main adorée ; j'ai eu beaucoup de peine à lui faire entendre qu'il convenait mieux que je me chargeasse de ce soin, que nul d'ailleurs ne vous parlerait plus vivement en sa faveur; je m'acquitte de ma mission avec impartialité, et pourtant..... Ah! Mademoiselle, que l'homme sensible est infortuné.

M. Denisal en même temps cachait sa tête dans ses mains comme pour dérober aux regards d'Apolline les agitations de son ame. Mademoiselle de Trencavel, ne comprenant pas ce que signifiait cette comédie, et riant en elle-même de la façon dont le jeune Stephen était soutenu, ne répondit à l'avocat qu'en renouvelant le refus déjà énoncé. On l'entendit avec une manifestation de joie patente, car les mains étaient retombées à leur place naturelle; on n'interrompit point, et lorsqu'elle eut fini:

—Je vois avec regret, dit Denisal, que votre refus est irrévocable, et bien qu'il doive désespérer Stephen, je le lui rapporterai purement et simplement: il lui fournira sans doute matière à des pages brûlantes d'énergie et de feu poétique, et au fait, pour faire de bons vers romantiques, il faut nécessairement être malheureux...... Maintenant, mademoiselle, serez-vous insensible envers tous les autres aspirans? n'en regarderez-vous aucun favorablement? Il en est dans le nombre qui, timides, désintéressés, vertueux, auraient droit à plus d'indulgence; il en est dont vous troublez la vie, que vous enivrez d'inquiétude et de tribulations, surtout un.... Ah! êtes-vous assez dégagée de tout sentiment terrestre pour apprécier la parole de sa flamme, pour concevoir que, s'il vous aime, c'est uniquement par amour de votre personne, celui-la......

Monsieur Denisal fut interrompu par la femme de chambre d'Apolline, apportant à sa maîtresse une lettre dont la réponse, dit-elle, était attendue par le grison du général baron Malvière; cette révélation inspira une curiosité si véhémente au jurisconsulte, qu'au lieu de se lever et de prendre congé, il resta dévorant des yeux la lettre, dont il aurait voulu percer l'enveloppe. Apolline, voyant qu'il ne sortirait pas, lui demanda la permission de lire devant lui l'épître de son collègue en tutelle officieuse, et sur le consentement de politesse qu'il donna, elle rompit le cachet.

Le général, en termes non moins ampoulés que ceux employés par l'avocat, réclamait de mademoiselle de Trencavel la permission de venir lui parler en tête à tête d'une affaire très-importante, et qui la regardait personnellement. Il ajoutait qu'il était inutile de rien apprendre de ceci à M. Denisal, et surtout que le moment du rendez-vous devait être accordé à l'heure où l'avocat était contraint de se rendre au Palais.

Ces précautions ennemies envers un homme avec qui tout aurait dû être commun étonnèrent Apolline; elle n'en dit rien à l'assistant, quoiqu'il laissât voir le plaisir que lui causerait une confidence quelconque, et allant à son secrétaire, elle répondit deux mots au général. Cela fait, le billet partit; Apolline retourna vers M. Denisal, qui, ne pouvant se dompter, s'écria :

— Est-ce bien à monsieur Malvière de vous écrire ainsi sans façon?

— Il est tout simple répondit Apolline qu'il agisse de la sorte envers une personne sur laquelle il a un droit de surveillance; vous même, monsieur, et avec autant de convenance, n'en faites-vous pas autant ?

— Il me semble que c'est différent, je suis légiste, et à ce titre....

— Vous êtes mon conseil, et lui aussi.

—Vous prenez sa défense avec une vivacité extraordinaire : serait-il possible que mon dévouement vous parût inférieur au sien ? ce me serait le coup le plus rude, et mon pauvre cœur ne pourrait le souffrir sans en être déchiré.

Tant d'affection paraissant peu naturelle à mademoiselle de Trencavel, elle répondit que ses tuteurs avaient des droits égaux à sa reconnaissance.

— Et voilà justement ce qui me désole, répliqua l'avocat, je voudrais être mis en meilleure place, et cela en vertu de l'ardeur de mon attachement ; oui mademoiselle, il dépend de vous que je meure ou que je vive....

Ces mots déchirèrent le voile qui dérobait encore à Apolline la folie complète de Denisal ; elle reconnut qu'il aspirait à lui plaire ou plutôt qu'amant de ses richesses, c'était à elles qu'il prétendait faire la cour. Dégoûtée de cette passion toute vénale, se rappelant l'indifférence qu'il lui montrait naguère lorsqu'elle était une orpheline abandonnée, elle résolut de ne pas lui laisser le moindre espoir, et se levant aussitôt et l'interrompant :

— Monsieur, dit-elle, vous êtes venu à une heure où il me convient d'être seule ; vous sortez de votre rôle pour en prendre un que je ne dois pas souffrir : je vous prie de respecter ma solitude, mon âge, et ma position.

Un coup de foudre aurait moins abattu l'avocat que cette réplique sévère, ses traits en furent renversés, sa voix altérée, ses mains en tremblèrent.

— O providence! s'écria-t-il, et d'où part tant de colère et de répugnance? Je suis un homme connu, en passe de monter aux premières charges de l'état ; j'ai trente-six ans, une fortune assez arrondie, de l'éloquence, et je jouis de beaucoup de considération ; nous sommes d'ailleurs à une époque de liberté.....

— Dans ce cas, permettez que j'en profite, dit Apolline, pour sortir d'ici, puisqu'il vous plaît de m'y tourmenter.

Et, à ces mots un peu brusques peut-être, mais échappés à son impatience, elle salua M. Denisal stupéfait, et passa dans une autre pièce de l'appartement ; il l'y suivit en la conjurant de modérer sa colère, de pardonner son délire.

— Il me paraît bien réfléchi, monsieur, reprit-elle avec moins de solennité ; il n'est né que du jour où mon grand-oncle a songé à moi, vous-même n'y pensiez guère la veille.

— Ce reproche, dit Denisal, est injuste ; le respect alors m'arrêtait, je craignais que de l'amour ne parût de la séduction à cause de votre position précaire ; maintenant....

— Brisons là-dessus, je vous le répète, allez, Monsieur, où d'autres affaires vous réclament ; celle-ci est parvenue à son complément ; du reste, s'il vous plaît de la prolonger, adressez-vous au chevalier de Lens et à mon oncle Morase.

— A des indifférens, à des ennemis, à des jaloux peut-être; non, mademoiselle, je renfermerai ce sentiment qui vous déplaît, je souffrirai en silence, et vous, aveuglée, abandonnerez vos biens à des prodigues, à des ingrats.

L'avocat Denisal, ces derniers mots prononcés, prit enfin le parti de la retraite; il l'effectua par où il était venu; à peine sortait-il lorsque le chevalier de Lens vint à son tour; Apolline, encore émue de la scène ridicule qui avait eu lieu, et offensée du mystère avec lequel Denisal l'avait préparée, n'en cacha aucun détail à son tuteur; elle fut écoutée avec une colère toujours croissante, et quand son récit fut fini:

— En vérité, dit le chevalier, c'est une bien triste époque, celle où l'argent fait faire tant d'extravagances, où pour en posséder une plus forte partie on s'intrigue tant, on se hasarde en toutes sortes de démarches et d'actions inconsidérées. Que tous ces *personnages d'actualité* sont misérables!

de bassesse, d'avidité hideuse, et à tous ceux qui audacieusement reprochent à l'ex-gouvernement ses défauts et ses torts; eux, si méprisables en leur conduite, et par l'hypocrisie avec laquelle il ont trompé la nation, un jour viendra où elle les traitera au poids de leur œuvre. En attendant la punition générale de ces harpies politiques, il convient que je procède à la punition personnelle de M. Denisal; reposez-vous sur moi du soin de vous délivrer de ses poursuites ennuyeuses, il ne les recommencera pas.

Le chevalier apprit à mademoiselle de Trencavel, à la suite de ce préambule, que par un article exprès de la procuration du prince de Montalban, il demeurait maître de changer à son gré le conseil de tutelle; que son projet en conséquence était d'en détacher M. Denisal. Apolline, à qui la chose demeurait pleinement indifférente, ne fit aucune objection, pensant même que, peut-être avant peu, la même mesure devrait être prise à l'égard du général; néanmoins elle ne parla pas de cet autre incident de la matinée, afin de ne rien avancer de téméraire, et pour ne pas augmenter la mauvaise humeur du chevalier.

Celui-ci, de retour dans son appartement, écrivit à l'avocat en termes polis, mais sévères ; il lui exprima ses regrets de ne pouvoir continuer à réclamer son concours dans l'intérêt de mademoiselle de Trencavel ; mais que dès le moment où lui-même avait consenti à passer de la qualité de juge à celle de partie, la première ne pouvait lui être conservée, qu'il fallait couvrir ceci d'un voile épais, qu'en conséquence il attendait de la part du jurisconsulte une abdication volontaire en apparence de ses fonctions de conseiller de tutelle, motivée, sur la multiplicité des affaires dont il se trouvait chargé. Le chevalier ajoutait qu'avec le plus vif regret il se verrait contraint à prendre l'initiative, dans le cas où lui-même ne s'immolerait pas promptement.

Il faut avoir sa part de l'orgueil et de l'avidité qui se partageaient l'ame de M. Denisal pour apprécier tout ce qu'il dut éprouver à la réception d'un tel message; il entra dans une fureur qui se manifesta d'abord par de véritables actes de folie envers les objets insensibles qui se trouvèrent autour de lui. La raison, si rarement admise auprès de nos sauveurs modernes, lui conseilla en vain de se soumettre à la nécessité ; lui, soutenu par sa faim et sa soif des richesses, ne l'écouta pas, et ce fut de la manière suivante qu'il répondit au chevalier.

« Il n'est pas facile, monsieur, d'intimi-
» der un homme de ma trempe ; j'ai pen-
» dant plusieurs années soutenu les droits
» de mes concitoyens contre l'ambition du
» clergé et de la noblesse ; j'ai exposé à
» cette défense sacrée mon bien-être et ma
» liberté : maintenant le choix honorable
» de S. A. le prince de Montalban confie en
» partie à mon conseil la défense des biens
» de son illustre petite-nièce. Flatté d'une
» telle confiance, je dois m'en rendre
» digne ; ma probité surpassant mon ar-
» deur inquiète, cela se conçoit, on veut
» m'écarter ; on choisit un prétexte mala-
» droit ; je croirais manquer au prince, à
» mademoiselle de Trencavel et à moi, si

» je me soumettais à l'ordre qu'on se per-
» met de m'intimer ; j'y résiste, je demeure
» le conseil de notre pupille commune. J'y
» suis d'ailleurs autorisé par ma correspon-
» dance privée avec le prince, qui m'avait à
» l'avance mandé son choix ; ma modestie
» m'avait fait taire cette particularité, une
» injuste agression m'a déterminé à la
» mettre en avant. Je vais en conséquence
» vous faire signifier par acte légal ma pro-
» testation contre tout acte qui aura lieu
» dans l'administration des biens de made-
» moiselle de Trencavel, et pour lequel
» mon avis n'aura pas été demandé offi-
» ciellement. Je suis, monsieur, etc. »

A mesure que le chevalier de Lens avançait dans la lecture de cette épître arrogante, son impatience augmentait ; mais lorsqu'il arriva à l'article où l'avocat parlait de ses relations antérieures avec le prince de Montalban, un rire subit, un rire presque convulsif s'empara de lui, et ce fut avec peine qu'il put dire à Léopold qui se trouvait là :

— Monsieur le jurisconsulte est le menteur le plus avéré de France, il a cru me faire peur ; je le tiens maintenant, jamais il n'a communiqué avec le prince que par moi, et je me charge de le lui prouver à dire d'expert.

Léopold ne revenait pas de tant d'audace et de la folie d'un homme qui osait concevoir la pensée de prétendre à la main de mademoiselle de Trencavel, avec la seule balance de sa faconde et de son intrigue : — Mieux vaudrait mille fois Rinaldi! s'écria-t-il.

— Et vous dites bien, répliqua le chevalier. Au moins celui-là se recommande par ses manières, et nous devons en outre convenir qu'il n'a pas attendu pour se montrer empressé auprès de votre sœur que la fortune soit venue fondre sur elle.

— C'est, dit Léopold, une preuve de l'élévation de ses sentimens.

— Soit, mais n'en témoignez pas trop d'enthousiasme ; car il pourrait vous entendre, en acquérir de l'audace et en profiter.

— La conduite du prince d'Amalfi est bien singulière ; à sa place je serais venu en France, et n'aurais pas envoyé un ambassadeur ; au reste, poursuivit Léopold en souriant, il se pourrait que cette manière d'agir fût de mode dans notre famille.

Le chevalier de Lens le regarda d'un air étonné.

— Oui, le prince de Montalban n'agit-il pas de la même manière? ne vous a-t-il pas nommé aussi son représentant?

— Vous avez raison, repartit le chevalier, votre oncle du moins est plus excusable ; son âge...

— Que je voudrais le voir !

— Seriez-vous disposé à l'aimer ?

— Et à le respecter ! s'écria vivement Léopold ; ses bontés envers ma sœur assurent ma reconnaissance.

— Comte Léopold, il ne vous oubliera pas, dit le chevalier très-ému.

— Ah ! monsieur, je ne lui demande que sa tendresse.

— Elle vous est acquise, soyez-en bien persuadé.

Et le chevalier de Lens embrassa avec effusion le frère d'Apolline.

CHAPITRE XXXI.

Turenne aimait la gloire; Villars aima la gloire et l'argent; nos héros d'aujourd'hui n'aiment que l'argent.

Recueil de Maximes.

Monsieur le Général.

Il semblait à mademoiselle de Trencavel que tous les célibataires qui l'approchaient formaient des espérances présomptueuses touchant son alliance, elle qui naguère n'était aimée que du seul Rinaldi. Les partis maintenant se présentaient en foule, et encore sa fortune, acquise depuis peu de jours, restait inconnue à la plus grande partie de la société; que serait-ce donc lorsqu'à la cour actuelle les avides qui la composent auraient connaissance des biens que son grand-oncle lui avait donnés? Certes, il y en aurait peu de ces héros de l'époque qui ne s'empressassent de la rechercher avec importunité.

Que lui voulait le général? ce que l'avocat avait tenté sans doute, non pour son compte, selon toute apparence, mais pour celui de son fils. Celui-ci était connu d'Apolline, il venait chez les Morase avant 1830; mais depuis l'époque où il avait par loyauté rendu ses épaulettes, afin de conserver intacts ses sermens à la branche aînée des Bourbons, les Morase s'étaient montrés peu charmés de le recevoir; néanmoins sans rompre avec lui, ils ne l'invitaient qu'à de longs intervalles et à des jours où aucun autre étranger n'était admis à leur table. Apolline crut que M. de Malvière, réconcilié avec Ernest, son unique héritier, allait intriguer auprès d'elle en faveur de cet homme recommandable sous tous les rapports : du moins un tel prétendant ne saurait humilier, et on aurait un vrai chagrin à ne pouvoir récompenser sa loyale conduite.

Apolline attendit le général avec une sorte de crainte, et, à l'heure fixée, elle jeta en tremblant un regard sur la pendule qu'elle accusait d'avancer, lorsque le baron Malvière se présenta. Il était encore vêtu avec plus de recherche que la dernière fois : un soin minutieux apporté à sa parure le rendait au moins, par les vêtemens et la coiffure semblable aux merveilleux de ce temps-ci, aux dandys français si occupés à se rendre ridicules, et que le succès analogue récompense si bien de leurs efforts ; sa démarche avait moins de gravité que de prétention à être légère, et il dissimulait de son mieux la nécessité du secours qu'il trouvait dans sa canne, compagne indispensable de ses pas.

— Chaque fois, dit-il en abordant Apolline, que la fortune favorable me rapproche de vous, je me reporte au moment heureux du gain de ma première bataille. Ce fut une journée enivrante; il appartient seulement à la beauté d'en faire renaître le charme à sa fantaisie. Qu'un triomphe auquel elle prend part, douceur pour un cœur généreux et français !

Apolline répondit à ce compliment avec sa bienveillance naturelle, et toucha quelques mots de la gloire acquise par le général.

— Avez-vous eu connaissance de mes travaux militaires? j'en suis enchanté. Les lauriers cueillis aux Champ de Mars (le général n'était pas romantique) n'ont d'éclat que lorsque ils sont unis aux mirthes de Vénus; je sens qu'il manque beaucoup à ma position actuelle : mon fils, ou plutôt celui qui porte ce nom, rebelle à son roi légitime....

— Mais, monsieur le comte, il a donné sa démission pour ne pas servir le roi des Français.

— Et c'est là son crime, mademoiselle; et le châtiment doit le frapper enfin. Oui, pour tout digne militaire le monarque légitime est celui qui occupe le trône. Nous devons être soumis, et point raisonneurs : discuter sur un fait accompli, c'est au moins une sottise, et jamais je ne pardonnerai sa conduite à l'ex-capitaine Malvière.

A ce propos, auquel elle était loin de s'attendre, Apolline se demanda mentalement si le général venait aujourd'hui en solliciteur des intérêts de son fils : son doute se dissipa bientôt ; car le digne militaire dit, après avoir épuisé son courroux généreux contre tous ceux qui préfèrent leur indépendance à leur solde :

—C'est pour moi une vive douleur que de voir ma maison disparaître et aucun héritier nourri des principes invariables de son père lui survivre pour perpétuer la splendeur de mon nom ; dans cette circonstance pénible, j'ai cru que je devais moi-même songer à conserver l'illustration acquise, et me lier de nouveau par les nœuds d'un mariage honorable, alors...

Le général s'arrêta, hésita sur ce qui lui restait à dire, malgré la haute opinion qu'il avait de son mérite.

Ce délai donna le loisir à Apolline de réfléchir à l'embarras dans lequel allait la jeter l'intention déjà pressentie du comte Malvière, elle pensa que pour se sauver il fallait prendre l'initiative, et se hâta de dire :

— Eh bien! monsieur, vous et moi marcherons dans une carrière différente; vous voulez rentrer dans les liens du mariage, et je forme le projet de m'y soustraire pour toujours. J'ai déjà fait part de mes intentions au chevalier de Lens ; je désire que tout ce que je tiens passe à mon frère, qui, lui aussi, doit soutenir l'antiquité de notre race, et un couvent me renfermera bientôt dans son enceinte sacrée; je ne brigue que le titre d'épouse de Dieu.

Le général, stupéfait d'une déclaration pareille, regarda Apolline avec un désappointement comique.

— Ce que vous dites là est-il croyable, mademoiselle, ou voulez-vous rire aux dépens de votre serviteur? Quoi! vous enseveliriez dans un cloître tant de mérite, et renonceriez à tant de millions!

— Il le faut bien, répartit Apolline, lorsque le cœur est triste et quand on ne peut le satisfaire.

En écoutant cette phrase significative dans son obscurité, le baron Malvière pâlit et rougit tour à tour ; il se leva, se rassit, mordant ses lèvres, et se sentant mal à son aise; il se félicita pourtant de ne s'être pas aventuré aussi loin qu'il allait le faire ; mais, malgré sa joie d'amour-propre, une tristesse profonde le saisit en repassant dans son esprit tout ce qu'il perdait, car les hommes avides regardent déjà comme à eux tout ce qu'ils convoitent, et ce qu'on leur refuse leur semble un bien légitimement acquis qu'on leur arrache. Le général, partagé entre ces deux sentimens, et ne sachant pas bien encore lequel il faudrait immoler, se mit à dire en s'agitant, et comme s'il eût fallu méditer le poids de chaque mot :

—J'étais loin de m'attendre à une détermination non moins déplorable que précipitée. Déjà avec trop de désintéressement vous aviez voulu abandonner à monsieur votre frère la moitié d'un bel héritage; il l'avait refusée, et maintenant c'est votre fortune entière dont vous allez l'investir, et cela en conséquence d'un dépit amoureux!... Mais le monde ne vous vengerait-il pas aussi bien que la retraite? Vous pourriez punir qui vous offense en faisant le bonheur d'un homme important qui n'a jamais quitté la cour, qui est très-bien avec les princes, et avec qui monseigneur le duc de Montpensier daigne jouer. Celui-là sans doute vous procurera des distractions agréables, en occupant votre cœur, en ayant soin de votre fortune; moi, à votre place, mademoiselle, je ne balancerais pas de me procurer ce genre de consolation.

Apolline allait répondre que son penchant la portait à rechercher la retraite, et non les faveurs de la cour bourgeoise, lorsque, par une de ces rencontres plus vraies que croyables, une lettre fut apportée à mademoiselle de Trencavel de la même manière que celle du général lui était parvenue, pendant qu'elle était en conférence naguère avec M. Denisal. Apolline en regarda l'adresse, qui ne lui rappela aucune écriture qu'elle connût déjà; alors l'idée lui vint que l'avocat lui écrivait, et, peu curieuse de voir les expressions de sa basse avidité, elle jeta négligemment la lettre sur un guéridon voisin. Le général, qui cherchait à plaire à Apolline, lors même que l'avenir se présentait pour lui sous un aspect désagréable, dit aussitôt que mademoiselle de Trencavel ne devait pas se gêner de lire devant lui la lettre qu'elle venait de recevoir, ajoutant que ne pas le faire serait lui commander de se retirer sur-le-champ.

Apolline alors reprit la missive, après quelques complimens échangés, et rompit le cachet. Combien elle eût payé cher à l'avance un avertissement mystérieux qui lui aurait fait connaître le nom qu'elle lut dans la signature de la lettre ! Elle aurait persisté dans son refus de l'ouvrir devant le général, et par là se serait soustraite à l'embarras de surmonter une émotion violente qui s'empara de son ame, et dont le reflet couvrit son visage. L'avocat n'était pas l'auteur de cette agitation, mais bien Rinaldi ; ce dernier demandait en termes aussi pressans que respectueux à mademoiselle de Trencavel, la faveur d'être admis une dernière fois en sa présence, avant qu'il quittât la France sans retour. Il employait pour obtenir cette grâce, les formes les plus entraînantes et les plus capables de déterminer une indifférente, à plus forte raison devaient-elles produire un effet certain sur Apolline.

Tandis qu'elle lisait, et que sa physionomie mobile variait d'expression à mesure que les paroles de Rinaldi descendaient au plus profond d'un cœur qui était loin de le haïr, le général assistait avec une curiosité vivement allumée à ce spectacle muet bien propre à l'intéresser, surtout à la suite de la confidence fatale que mademoiselle de Trencavel venait de lui faire; il avait trop d'expérience du monde pour admettre que l'auteur de ce billet était indifférent à celle qui en prenait connaissance, et lorsque les yeux d'Apolline, en rapport avec l'agitation de ses traits, se remplirent d'un feu humide, il conjectura avec raison que cette lettre partait de la main de cet amant aimé et que l'on voulait fuir.

Ce fut avec un dépit amer que sa sagacité

reçut cette fâcheuse lumière. Le général, accoutumé depuis longues années au despotisme de la domination militaire, et à charmer les femmes, dont la plupart étaient vaniteuses des soins qu'il leur rendait, avait de la peine à s'habituer à une autre existence; il souffrait plus impatiemment que tout autre la position inférieure dans laquelle le plaçait son âge auprès de ces mêmes femmes; il aurait voulu perpétuer sa jeune vie avec ses avantages, ses agrémens; il ne se tenait aucun compte de ses rides déjà dessinées en traits profonds, et du ravage inévitable commis par les ans sur sa personne. C'était donc pour lui un supplice véritable que de ne pas l'emporter toujours, et que de se convaincre de son infériorité. Ce chagrin lui fut plus sensible encore dans cette circonstance, et cédant à une impulsion de jalousie incertaine, il commit la faute de provoquer une explication complète.

—Qu'il est heureux, dit-il, celui dont les écrits causent à mademoiselle de Trencavel une émotion aussi clairement exprimée; sans doute celui-là ne saurait être l'auteur de la détermination funeste qui vient de m'être annoncée, et qui m'a fait une si cruelle blessure.

Apolline, choquée de cette question ainsi tournée, et qu'elle trouva inconvenante, répondit avec le désir de punir le général, et surtout de l'arrêter irrévocablement dans ses démarches particulières, moins pour elle que pour sa fortune.

— C'est un ami qui se plaint à moi, qui se dit calomnié ; il insiste pour que je lui accorde le loisir de se justifier, et j'avoue ma faiblesse, j'aimerais à le trouver innocent.

— Ainsi, reprit le baron Malvière avec un redoublement d'aigreur ; ainsi c'est le coupable, c'est l'auteur de votre misanthropie ; il est par trop heureux de faire à son gré le calme ou la tempête ; je voudrais le connaître, afin d'être le premier à le féliciter.

— Sur quoi, monsieur, répondit avec gravité Apolline, un peu plus choquée encore des manières du général ? Ne peut-on vouloir causer avec moi, et revenir sur le passé sans avoir déjà parlé victorieusement à mon cœur ?

Depuis surtout que ma position première est changée, je n'entends autour de moi que gens qui ont de hauts secrets à me communiquer, ou qui se plaignent de mon indifférence ; on vient à moi malgré moi, soit par surprise, soit par demande d'audience officielle; vous-même et M. Denisal avez-vous agi autrement ?

Rien ne blesse plus celui qui se plaint que lorsqu'on retourne contre lui ses propres armes; le général fut dans ce cas ; il ne pouvait nier que sa visite de ce même jour n'eût lieu en vertu d'une prière expresse et puissante ; dès lors devait-il s'étonner que d'autres l'imitassent; sa jalousie d'ailleur contre l'écrivain inconnu fut suspendue par celle non moins vive qu'il portait à Denisal ; elle venait d'être rallumée par la révélation malicieuse d'Apolline. M. Malvière apprenait que son collègue en tutelle recherchait également les occasions de parler à leur pupille sans témoins , et rien ne pouvait lui être plus déplaisant que cette manœuvre. Il s'était mis à redouter l'avocat de toute la haine qu'il lui portait, et de telle sorte, que celui-là lui paraissait le plus dangereux parmi les rivaux qu'il aurait à combattre; son idée donc se trouva momentanément détournée, et il ne put se retenir de s'emporter contre Denisal, qu'il peignit des couleurs les plus noires et les plus grotesques à la fois; se faisant une illusion complète, il ne craignit pas de trouver mauvais ce manége d'entrevues mytérieuses auquel lui se livrait pareillement. Apolline l'écouta avec plaisir, charmée de lui voir prendre le change; ce ne fut pas pour longtemps, car il revint au texte principal, et s'efforça de l'aborder avec succès; il se renferma avec dextérité dans son rôle de conseiller de tutelle, et employant des expressions délicates et voilées, il n'essaya pas moins de faire comprendre à mademoiselle de Trencavel qu'il ne convenait pas qu'elle reçût des lettres, et qu'elle accordât des audiences à quiconque lui en demanderait.

Apolline, bien résolue d'en finir avec lui ainsi qu'avec le jurisconsulte, écouta, et reçut sa leçon en toute humilité, et lorsqu'il eut fini,

— Monsieur, dit-elle, en me plaçant à la tête d'une maison, mes tuteurs réels ont à peu près proclamé mon indépendance ; cependant ma sagacité me fait concevoir combien il est inconvenant que mes amis viennent tour à tour et seuls à des heures fixées. Je vais donner des ordres d'après votre avis pour que dorénavant la journée me soit réservée. Je ne vous recevrai plus, messieurs, que le soir, lorsqu'il vous plaira de venir chez moi, et au moment encore où ma famille sera réunie.

— Quoi, mademoiselle, un de vos tuteurs sera soumis a cette loi aussi bien que le premier venu ?

—C'est à lui à donner l'exemple, à celui-là surtout dont les représentations ont provoqué la mesure.

— Et dans le nombre des proscrits, dit le général en désignant du doigt la lettre qu'Apolline n'avait pas laissé sortir de sa main, celui qui a tracé cette douce missive sera-t-il également désigné ?

Apolline rougit et répliqua vivement :

— Lui comme les autres ; cependant il

est possible que l'équité exige qu'il jouisse une fois de la même faveur que les autres ont obtenue.

— Ah! mademoiselle, voilà déjà une exception à la règle.

— C'est, monsieur le comte, pour la confirmer mieux.

Le général parut visiblement contrarié de la tournure que prenait la conversation; néanmoins il se contint, et beaucoup mieux rompu aux usages du monde que son collége l'avocat, comprit que le moment n'était pas favorable à ce qu'il achevât de déclarer ce qu'il appelait ses sentimens, ce qui n'était au fond qu'un bon calcul très en rapport avec les idées du siècle, une espérance d'accroître sa fortune. Les hommes d'esprit marchent aujourd'hui tous dans un pareil chemin.

CHAPITRE XXXII.

... *Nullus unquam amator adeò est callidè*
Facundus, quæ in rem sint suam, ut credat loqui.

Il semble à un amant, quelle que soit son éloquence qu'il ne peut peindre jamais assez bien son amour.

PLAUTE, *le Marchand*, acte II, scène III.

Deux Amans en Présence.

—

La démarche de Rinaldi troublait étrangement le repos d'Apolline, elle aurait voulu qu'il l'eût senti ; elle venait bien tardivement; il était le seul, au pied de la lettre, qui jusqu'alors n'eût pas mis de la vivacité à lui apporter ses hommages. Pourquoi avait-il agi différemment des autres? était-il infidèle comme on le faisait entendre? ne serait-il que boudeur et jaloux? Cette dernière hypothèse plaisait davantage à mademoiselle de Trencavel, et pourtant que devait lui importer la raison positive de l'éloignement volontaire de Rinaldi, lorsqu'elle-même avait mis un obstacle éternel à tout retour l'un vers l'autre, par la promesse inconsidérée fait à Léopold dans un premier instant d'exaltation! maintenant serait-il possible de revenir contre, ou bien d'essayer de s'y rendre parjure? la loyauté d'Apolline repoussait l'un et l'autre moyen.

Cependant il lui aurait fallu une ame plus énergique pour résister à la pente secrète qui l'entraînait à accorder ce que Rinaldi réclamait avec tant de véhémence. Ne valait-il pas mieux le contenter sur ce point que de le désespérer sur tout. C'était assez, sans doute, de renoncer à lui; on pouvait lui adoucir par des complaisances cette fatale détermination. Une femme qui aime est d'ailleurs si curieuse d'apprécier dans toute son étendue la puissance de l'amour qu'elle inspire ; elle trouve un plaisir qu'elle ne s'avoue pas à calculer jusqu'où son amant malheureux porte la vivacité de sa flamme; enfin, et ceci part d'un sentiment encore plus caché, il y a toujours au fond du cœur, ou irrité, ou décidé à se soustraire aux chaînes portées, un arrière désir de raccommodement qu'on cherche à étouffer sans doute, à dissimuler du moins, mais dont l'impulsion n'est pas facile à dompter.

Rinaldi ne demandait pas de réponse ; il annonçait seulement qu'il se présenterait ; il fixait l'heure ; il espérait que l'audience ne lui serait pas refusée, et en effet comment résister à tant de mélancolie, à des expressions si ardentes, et peignant si bien les angoisses d'un cœur désespéré. Apolline, certes, ne possédait pas assez de stoïcisme pour se maintenir dans une colère superbe ; d'ailleurs, Rinaldi avait manifesté tant de colère, d'emportement et de dépit, à leur rencontre dernière ; il s'était montré si injuste, que nécessairement il convenait de le recevoir, afin de lui reprocher son emportement inexcusable pour le blâmer de sa conduite antérieure.

Il est si doux de quereller un amant qu'on déteste à force de l'aimer, qu'il est rare qu'une satisfaction pareille soit refusée lorsqu'elle se présente naturellement.

Toutes ces réflexions furent faites par Apolline, aussitôt que le général eut quitté sa place; celui-ci partit peu satisfait de sa tentative, et néanmoins se félicitant de ne pas s'être avancé de manière à ne pouvoir effectuer sa retraite qu'avec honte, non qu'il prît la sage résolution de terminer sa campagne aventureuse, il avait pour cela trop d'avidité; mais il prétendait diriger autrement l'attaque, et avant tout se procurer de puissans auxiliaires : le frère d'Apolline et le chevalier de Lens. M. de Malvière, comme tous les ambitieux, s'aveuglait sur sa position; elle était sans doute honorable, il possédait de grands biens, et toutefois son âge et son origine ne lui permettaient pas d'aspirer avec succès à la main de mademoiselle de Trencavel.

Celle-ci ne songeait plus à lui; une pensée bien autrement intéressante l'attachait alors. Rinaldi tarderait peu à venir, et serait-il assez heureux pour la rencontrer seule? Plusieurs fois elle prit la résolution de donner l'ordre de ne laisser entrer que lui seul, et sa bouche n'osa pas lui accorder cette distinction flatteuse.

Rinaldi, au demeurant, avait choisi l'heure du rendez-vous avec la science d'un homme qui connaît les habitudes d'une maison; c'était celle ou madame de Mareil recevait ses amis intimes, et malgré le choix qu'elle disait faire, ils étaient nombreux. Madame Doussel, dans ce moment, ne quittait pas le ménage de son frère; et Astasie, au contraire, sortait presque toujours. Léopold était retenu hors de la maison par ses travaux de législation, et Urbain, malgré toute sa tendresse délirante pour Apolline, se serait gardé de lui sacrifier l'heure de la Bourse, si solennelle pour lui : il faudrait un coup du sort pour que tout ce monde manquât à ses habitudes. Le chevalier de Lens était le seul dont on ne pouvait fixer les mouvemens, aussi était-ce lui que Rinaldi craignait davantage; mais en un cas pareil on doit beaucoup donner au hasard.

Apolline, de son côté, méditait sur tout ce que je viens de décrire; elle éprouvait un charme douloureux à se retrouver encore avec Rinaldi, à le revoir en liberté avant de s'en séparer pour toujours; il annonçait son départ, il quittait la France; c'était de part et d'autre un sacrifice déchirant; il convenait avant de le consommer d'en adoucir l'horreur, et on y parviendrait en confondant des larmes amères.

Oh! comme le cœur de mademoiselle de Trencavel palpita avec vivacité, lorsqu'elle entendit les pas du domestique qui venait annoncer Rinaldi, et ceux non moins retentissans au fond de son ame, de Rinaldi même. Celui-ci entra lentement; il salua, ayant la tête baissée; il ne la releva que lorsqu'il se trouva proche d'Apolline, et cette dernière put apercevoir la violence de l'émotion du jeune Napolitain; jamais il ne lui avait paru si intéressant; elle trouva sa beauté presque surnaturelle, et pourtant le visage était pâle; il avait les yeux éteints et la bouche froide; une mélancolie sombre, un désespoir concentré, un résolution furieuse, éclatait tout ensemble dans sa démarche, dans ses gestes, dans le jeu de ses muscles, dans les inflexions de sa voix.

Apolline ne s'était pas fait une idée de l'ensemble qu'il lui présenterait; elle, de son côté, avait d'abord cherché à faire preuve de courage, à se vaincre, à se contenir; c'était avec une indifférence apparente qu'elle voulait recevoir Rinaldi, se flattant de se montrer à lui froide, calme, et peut-être même riante. A tel point on s'abuse lorsque l'on s'avise de vouloir jouer avec son cœur; mais, à l'aspect de Rinaldi, une commotion magnétique atteignit Apolline, tout son échafaudage de stoïcisme disparut, et elle se trouva aussi faible que lui au moment où elle savait que tant de courage serait nécessaire.

Rinaldi aborda Apolline, non avec ces phrases cérémonieuses d'une galanterie ordinaire, mais avec ce trouble, cette inquiétude, compagnons inséparables d'une grande passion; lui aussi avait voulu se disposer à cette entrevue, et il prépara le discours qu'il ferait en débutant; il en avait arrangé les diverses parties selon l'ordre oratoire;

mais lorsqu'il se trouva en présence de sa maîtresse, lorsqu'il la vit si belle, si agitée, alors sa fermeté l'abandonna, et ce fut en balbutiant qu'il put dire ces paroles bien communes :

— Avant que de quitter la France, j'ai tenu à me justifier des torts dont sans doute on m'a chargé dans votre esprit.

—Je ne sais ce qu'ils sont, répondit Apolline avec aussi peu de constance ; vous étiez libre, monsieur, dans votre conduite et dans vos affections.

— Et cette liberté, répliqua-t-il impétueusement, je n'en ai fait usage que pour me soumettre de ma propre volonté à des chaînes que je n'aurais jamais brisées ; je vous aimais avec autant d'ardeur que de franchise ; vous paraissiez sincère aussi ; mais, lorsque la fortune est venue, l'amour s'est retiré.

— Je croyais, monsieur, répondit Apolline, blessée de ce reproche, que vous ne me confondriez pas avec les avides du siècle, que vous ne m'accuseriez pas d'un sentiment aussi bas qu'il est méprisable ; une position nouvelle ne m'aurait pas changée ; mais dès que je me suis trouvée plus heureuse sous le rapport de l'indépendance, vous vous êtes éloignée de moi et avez manifesté une indifférence qui n'aurait pas dû commencer si tard.

— Ainsi, reprit Rinaldi en souriant avec chagrin, un acte honorable et de délicatesse m'est imputé à crime ; ainsi on tourne contre moi ce qui devrait m'être compté pour avantage. Lorsque vous étiez dans une situation humble, lorsque la foule qui vous environne s'écartait de vous, car alors vous restiez seule avec vos vertus et vos charmes, je pouvais, sans être taxé de trop d'audace, vous parler d'un amour dont le but était légitime. Le bien que je possède établissait en quelque sorte une balance exacte entre nous deux ; aussi, sans croire manquer à l'honneur, je vous exprimai des sentimens dont la véhémence était extrême ; je briguai un tendre retour, espérant que l'état des choses me serait favorable, et que l'on songerait peu à me disputer un bonheur dont le commun des hommes se soucie peu.

Tout à coup la scène change : de grandes richesses fondent sur vous ; l'orgueil de votre rang se réveille dans vos parens ; on forme pour vous des pensées en rapport avec votre nouvelle fortune ; on se flatte, non sans raison, qu'on vous proposera les alliances les plus brillantes. Etait-ce le moment de me targuer des droits accordés par votre bonté ? ne montiez-vous pas à une élévation où je ne pouvais vous suivre sans me faire taxer d'avidité, sans que je me sauvasse du reproche de séduction ? Une conduite opposée devenait nécessaire ; je devais me rejeter dans la foule, me dérober à vos yeux, et attendre que vous m'appelassiez ; j'ai agi ainsi, j'ai rempli ce devoir.... vous m'avez oublié... j'en suis malheureux, mais du moins on ne me dira pas coupable.

La vérité porte avec elle la conviction. Apolline jusqu'à ce moment n'avait pas compris la cause réelle de la conduite de Rinaldi ; elle s'était attachée à l'attribuer à sa légèreté, à son inconstance, et maintenant qu'il la montrait sous son aspect réel, elle commençait à se reprocher ses conjectures, et des soupçons qui s'évanouissaient en présence d'une explication si franche ; il en résulta, qu'attendrie profondément, et voulant néanmoins éviter de le trop laisser voir, elle se hâta de dire :

— N'avouerez-vous pas à votre tour qu'il n'y a que de l'orgueil dans cette modestie exagérée? Quoi ! fallait-il me contraindre à sortir de la retenue imposée à mon sexe? était-ce à une femme à courir après un fugitif vaniteux ?

— Un regard, un mot aurait suffi. Avez-vous employé l'un ou l'autre? Non, vous ne l'avez pas fait, vos yeux n'ont pas cherché les miens, votre bonheur n'a eu pour moi ni paroles bienveillantes ni sourire encourageant : cela devait être ; un autre vous convenait mieux, son titre, sa naissance, quoique entachée, satisfont des vanités qui me perdent....

— Si le destin ordonne que nous soyons séparés, répliqua Apolline en interrompant Rinaldi, du moins je ne veux pas être calomniée dans votre ; esprit monsieur le marquis de Saint-Estève ni aucun autre n'a pris une place que vous occupiez trop bien.

—Et pourquoi dans ce cas ne l'occuperais-je pas encore! s'écria Rinaldi, transporté de joie, en se précipitant aux genoux d'Apolline. Pourquoi, si je vous suis cher, me fuir, me dédaigner? est-ce caprice, est-ce calcul, voulez-vous m'éprouver?... Ah! parlez, je vous en supplie, un mot de vous peut amener un résultat que vous ne soupçonnez pas. Oh! mademoiselle, m'aimeriez-vous malgré les séductions de la flatterie, et l'enivrement que causent les richesses, lorsque surtout elles arrivent sans être attendues?

Apolline, d'abord effrayée de son imprudent aveu, parti du cœur sans réflexion, et prononcé avec entraînement, se rappela tout à coup la promesse faite à son frère, et le nœud de probité dont elle avait lié son avenir; peut-être pour y être fidèle avec moins de tourment aurait-il fallu cacher le secret de son amour, et elle l'avait dévoilé, et en repoussant tout intérêt, pour Saint-Estève ou d'autres prétendans élevés, elle confirmait à Rinaldi ses droits, et néanmoins elle ne pouvait plus les reconnaître ni les légitimer. Combien donc elle éprouva de douleur en voyant à ses pieds son amant, ivre de plaisir, et se flattant que le nuage formé entre eux par un malentendu allait se dissiper promptement.

— Relevez-vous, monsieur, dit-elle d'une voix entrecoupée, ne profitez pas de ma faiblesse, n'espérez rien de mon amour, je suis enchaînée par des préjugés que je respecte ; j'ai promis de ne me marier que du consentement de mes parens paternels ; et vous l'accorderont-ils ? j'en doute.

— Non pas, au moins Léopold et le chevalier de Lens, répliqua Rinaldi ; car ils sont sans pitié pour les élèves du commun.

Et dans cette phrase, Apolline, si elle eût été plus calme, aurait pu distinguer une teinte d'ironie ; mais elle n'y vit qu'une autre preuve de la nécessité d'une séparation irrévocable avec Rinaldi.

— Oui, dit-elle, ils pensent que chacun doit se marier dans sa caste, que les ménages disproportionnés réussissent mal.

— Ils peuvent avoir raison, répondit Rinaldi étourdiment. Apolline le regarda avec surprise.

— Ainsi vous les approuvez, demanda-t-elle ?

— En thèse générale, oui ; et non, dans ce cas particulier. Je suis certain de vous rendre heureuse, j'en ai la conviction intime ; et si vous m'y autorisez, je tenterai de changer les dispositions de ces messieurs à mon égard.

— Vous n'y parviendrez pas, dit Apolline avec tristesse.

— Oh ! repartit Rinaldi, j'ai plus de confiance en mon étoile.

— Croyez-moi : ne vous livrez pas à une espérance présomptueuse ; d'ailleurs, ma main vous est-elle si nécessaire ? Suis-je votre premier amour ? serai-je le dernier ? Avant moi, et presque auprès de moi, n'avez-vous pas aimé déjà ?

— Je vous remercie, reprit Rinaldi, de me fournir le moyen de me justifier d'un autre chef d'accusation ; vous voulez parler d'une dame... mais je dois me taire, je craindrais de ternir votre candeur par des explications.... mademoiselle de Trencavel, il est des femmes que l'on n'a pas le temps d'aimer. A tel point elles sont promptes à nous satisfaire, et l'on est assez puni des jours perdus auprès d'elles par le remords qui reste au fond de notre souvenir. Croyez-moi, ne me reprochez pas une heure d'erreur; il n'y a pas eu une minute de plus à ajouter.

Cette façon de se défendre étonna Apolline; il y avait là dedans une forme de bonne compagnie que ni Urbain, ni Stephen, ni les autres jeunes gens qu'elle voyait chez son oncle ne possédaient pas; elle s'émerveilla qu'un marchand napolitain possédât les manières des gens de qualité, car c'est ainsi qu'ils traitent ces affaires légères de cœur; elle ne put s'empêcher de dire :

— En vérité, vous affichez une supériorité qui m'épouvante. Est-ce ainsi que vous agissez envers notre sexe? Oh! Rinaldi, vous êtes trop dangereux.

— Je suis sincère et je vous aime; ne vous a-t-on pas également parlé des soins que j'aurais rendus ou que je rendrais à votre cousine. Je gage que ceux qui voulaient me prouver votre penchant pour Saint-Estève m'auront transformé en amant passionné de mademoiselle Astasie.

Apolline eut honte d'avouer qu'elle avait accueilli, sans trop d'examen, les insinuations que devinait Rinaldi; elle se contenta de rougir, ce qu'elle essaya de dérober aux yeux de son amant, en détournant la tête; mais il attachait trop ses regards sur elle; il vit ce qu'elle cherchait à lui cacher, et alors il s'écria :

—Ni vous ni moi n'avons à nous plaindre; car on nous a traités également : on vous a transformée en une coquette arrogante, on a fait de moi un roué de l'ancienne cour, et tout cela pour nous brouiller; et en vertu de l'extravagance, compagne ordinaire de l'amour, l'un et l'autre avons pleinement donné dans ce piége indigne. Je le vois avec douleur; mais, poursuivit Rinaldi en donnant à sa physionomie noble et mobile une expression plus tendre qu'il ne l'avait eue jusque-là, maintenant que nous nous sommes expliqués, nous pouvons lutter de concert, et certes nous remporterons la victoire. N'est-ce pas, chère Apolline, que vous consentez à marcher de concert avec moi?

Rinaldi, de nouveau, se remit aux genoux de sa jeune et belle maîtresse, et chercha à s'emparer de ses mains, mais Apolline, au lieu de répondre selon le désir qui lui était manifesté, se recula, tandis que ses yeux se remplirent de larmes; un désespoir sombre couvrit son front, et de sa bouche d'où s'exhalaient des soupirs, elle laissa échapper ces paroles de refus :

— Ne vous ai-je pas dit, monsieur, que je ne m'appartenais plus, que j'avais engagé ma parole à mon frère, de ne me marier que par son choix.

— Oui, vous me l'aviez dit, mais que m'importe? Vous m'aimez, vous êtes fidèle, je ne chéris que vous, je ne veux que vous; cela suffit à mon bonheur, et j'espère que le vôtre en ressortira pareillement.

— Vous êtes un insensé, répliqua Apolline, avec un redoublement de tristesse; pensez-vous que mon frère et le chevalier de Lens m'accorderont à votre amour?

aucun d'eux ne consentira à cette mésalliance. N'est-il pas vrai qu'elle leur a déplu, même avant que la fortune me replaçât au rang d'où mon père était descendu?

— Ah! pour ceci, je ne peux le nier, repartit Rinaldi en affectant une confusion ironique; il est très-vrai que ces messieurs m'ont signifié que je n'étais pas d'un sang assez illustre pour frayer avec le leur.

— Ils persistent dans cette croyance.

— N'importe, Apolline, si vous consentez à vous donner à moi, j'obtiendrai qu'ils approuvent notre union.

— Vous vous aveuglez; la froide raison du chevalier de Lens, les préjugés de mon frère ne fléchiront pas devant votre persistance; d'ailleurs, le prince de Montalban, de quelle manière le fléchirez-vous?

— Je suis le plus présomptueux des hommes! et, votre consentement obtenu, je ne doute de rien; j'ai un ami bien cher qui aura de l'influence sur votre famille, un de vos proches parens...

— J'ai appris que le prince d'Amalfi vous

chérissait comme son frère, repartit Apolline; mais pourra-t-il inspirer aux autres le sentiment qu'il vous a voué? Léopold m'a dit que vous aviez été élevés ensemble?

— Et nourris du même lait, et couchés dans le même berceau, notre existence a été unique.

— Comment a-t-il pu se séparer de vous? Comment a-t-il souffert que vous vinssiez étudier le commerce à Paris.

— C'est un caractère très-bizarre; il prétend qu'un homme doit valoir par soi-même et non par son entourage. N'a-t-il pas eu en résultat une idée heureuse? ne m'a-t-il pas placé sur votre chemin? Ce sera lui, ma chère Apolline, lui qui nous réunira sans retour.

Mademoiselle de Trencavel, qui s'était persuadée, tant que Rinaldi avait été absent, qu'elle pourrait se défendre de l'ascendant qu'il prenait sur elle, reconnaissait dans ce moment avec effroi sa faiblesse présomptueuse. Le serment engagé à Léopold lui devenait insupportable, et déjà ses vœux secrets demandaient au ciel de l'en relever; mais ce qui l'étonnait par-dessus tout, c'était cette assurance de Rinaldi, cette audace qui le portait à croire à la possibilité de changer les dispositions d'une famille orgueilleuse de son nom, qui lui faisait apercevoir à peine la distance que la grande fortune d'Apolline mettait entre elle et lui : il est certain que Rinaldi se jouait des obstacles, qu'il en riait même, et, en se séparant de mademoiselle de Trencavel, il lui dit :

— Soyez-moi fidèle, et votre frere vous donnera à votre amant.

CHAPITRE XXXIII.

Un éclair qui brille dans une nuit obscure nous fait voir ce que nous ne soupçonnerions pas.

MERCIER, *Tableau de Paris.*

La Découverte Imprévue.

Le délire de Rinaldi avait en quelque sorte enivré Apolline un instant, et, à l'exemple du jeune Italien, elle s'était persuadée que Léopold et le chevalier de Lens adhéreraient aux prières d'un amour sincère, d'un amour dont mademoiselle de Trencavel ne doutait pas; mais lorsqu'elle fut seule, lorsque le prestige dont un amant aimé environne sa maîtresse par le fait seul de sa présence se fut dissipé, alors elle rentra dans le positif de la vie ordinaire, et ses illusions de bonheur s'évanouirent en même temps.

— Non, jamais un homme sans naissance relevée et destiné à la carrière du négoce n'obtiendrait le titre d'époux de mademoiselle de Trencavel; on le repousserait avec inflexibilité, avec mépris peut-être. Que penserait le monde de son obstination? Ne s'étonnerait-on pas qu'il prétendît à un pareil mariage? ne l'accuserait-on pas d'avidité? Apolline elle-même admirait avec quelle indifférence Rinaldi regardait la disproportion extrême de leur fortune; il paraissait ne voir ni la médiocrité de la sienne ni l'immensité de celle de la personne qu'il aimait : jamais il n'en parlait ni ne la faisait entrer dans le nombre des obstacles qu'on lui opposerait. Était-ce désintéressement, indifférence? Apolline l'espérait, elle eût vu avec douleur que Rinaldi, comme les autres, n'eût cherché en s'unissant avec elle que le seul droit de disposer de ses biens.

Ensevelie dans cette méditation pénible, mademoiselle de Trencavel oubliait le reste de l'univers, lorsque son frère survint, et s'approcha d'elle sans la retirer de sa rêverie. Il la contempla pendant quelques instans avec plaisir ; car jamais elle ne lui avait paru si belle ; puis, se penchant vers son front, il y déposa un tendre baiser. A ce contact inattendu, Apolline, tressaillait, revint à ce monde positif, et poussa un faible cri, ne sachant qui était là ; mais ayant reconnu Léopold, elle le salua d'un doux sourire en même temps qu'elle lui tendit la main.

— Ai-je tort, dit Léopold, de t'arracher à cette vision mystérieuse qui sans doute t'apparaissait ? je suis bien coupable, si à cette vue tu rêvais le bonheur ; il est pénible de sortir d'un songe aussi agréable.

— Je crois, répondit Apolline, qu'il est rare de s'abandonner à des pensées qui nous charment ; la méditation est presque toujours mélancolique, et alors on doit des remerciemens à qui nous sauve de notre propre supplice.

— Et tu souffrais ?

— Léopold, laisse le cœur d'une jeune fille s'accoutumer à la loi austère du devoir.

Léopold comprit le sens caché de cette phrase, et comme il aimait sa sœur, il éprouva, lui aussi, un vif chagrin du sacrifice qu'elle consommait. Il la regarda avec une compassion profonde et lui dit :

— Prends du courage, espère en l'avenir!

— Je le vois à travers une vapeur obscure.

— Qui se dissipera en brillante rosée. Vois quel rôle le ciel te réserve! la splendeur t'environnera.

— Et si je préférais un abri obscur, la paix d'un cloître ?

— Oui, les folies d'une tête dont on contredit le caprice, un voile en place d'un amant que l'on croit aimer.

— Que l'on croit... et si cette erreur dure toute la vie ?

— Apolline, en général elle finit avant notre dernier instant... Au reste, continua Léopold, les prétendans à ton choix se pressent.

Le chevalier de Lens vient de recevoir des propositions de mariage pour toi, de la part de ce M. Varien qui rôde tant à la cour actuelle des Tuileries, et de M. Jusan, le député.

— Quoi ! dit Apolline étonnée, celui qui naguère ne jurait que par madame de Mareil ?

— Eh bien ! il ne jurerait que par ta fortune, si tu consentais à la lui abandonner ; il y a le marquis de Saint-Estève, qui non plus n'abandonne pas ses prétentions. J'ai eu tout à l'heure la visite de M. Stephen Barrel, et j'oublie encore le premier en droit, à ce qu'il m'a dit, notre auguste cousin, messire Urbain Morase.

— Lui aussi ! repartit Apolline avec dédain ; il est vrai que depuis ma que fortune a changé, il s'aperçoit que je suis au monde, et ses bons parens ne me parlent que de lui. Ils m'ont trouvé tous des qualités depuis que je suis riche, et certes auparavant aucun ne m'en soupçonnait.

— Je pourrais, ajouta Léopold, qui cherchait à distraire sa sœur d'une pensée sérieuse, grossir encore la liste de tes adorateurs. La manie d'épouser n'a-t-elle pas saisi jusqu'à l'un de tes conseillers de tutelle, l'éloquent jurisconsulte Denisal! et maintenant il se débat encore comme un diable dans un bénitier afin de ne pas renoncer à toute espérance.

— Sa folie, dit Apolline, a été contagieuse; le baron Malvière s'en est ressenti.

— Lui! est-ce croyable? répliqua Léopold étonné.

— En voici une preuve, mon cher et honoré frère, preuve testimoniale toute écrite de sa main, celle d'une demande d'audience solennelle, et où sans doute il prétendait se proposer pour époux.

La lettre que cherchait Apolline sur sa table à ouvrage ne fut pas d'abord trouvée. Apolline, en attendant, raconta à Léopold la scène qui avait eu lieu entre elle et le digne militaire, et dans la chaleur du récit, le papier que ses doigts cherchaient machinalement ayant enfin été saisi, Apolline le présenta à son frère sans le regarder. Léopold le reçut, voulant, disait-il, le coter avec la missive déraisonnable de l'avocat; mais avant que de le renfermer dans la poche de son habit, il y jeta les yeux, fit un mouvement de surprise, examina mieux l'écriture, lut jusqu'au bout, relut une autre fois, se frappa le front en homme qui lui-même reçoit une impression violente, se mit à méditer un instant, et se maintint dans un silence agité.

Apolline voyait avec un étonnement toujours croissant ses gestes et le jeu rapide de sa physionomie, ne pouvant concevoir quel genre d'intérêt il paraissait attacher au style du baron Malvière.

— Que trouves-tu là de si comique? dit-elle; il m'a semblé que le général écrivait comme tout le monde, ni bien ni mal, assez proprement toutefois.

—Le général Malvière! répliqua Léopold, retiré à son tour de sa rêverie, est-ce lui qui a tracé les lignes que voilà? a-t-il aussi changé de signature?

Et Léopold montra la lettre de Rinaldi, que sa sœur lui avait donnée à la place de celle de M. Malvière. Apolline, déconcertée et honteuse à la fois de son étourderie, inclina sa tête dans l'intention de ne pas laisser connaître son embarras; elle aurait voulu ne point apprendre à son frère que Rinaldi était venu la voir: une fatale méprise en décidait autrement. S'attendant donc à des reproches, elle préparait sa justification; mais Léopold, préoccupé d'une autre idée, ne songea pas à quereller; il se contenta de demander si c'était là l'écriture du jeune Italien.

Apolline, retrouvant un peu d'assurance, avoua que Rinaldi lui avait demandé une dernière entrevue, et qu'elle n'avait pas osé la lui refuser.

— Il va partir, ajouta-t-elle, si on persiste à le désespérer.

— Vraiment? dit Léopold avec une moquerie concentrée, c'est donc un amant bien soumis à l'injonction de sa maîtresse? C'est toi sans doute qui auras obtenu ce départ qu'il nous a refusé.

— Je lui ai fait part de ta répugnance à

l'avoir pour beau-frère, et de l'engagement que j'ai pris envers toi.

— Et que t'a-t-il répondu? demanda Léopold avec une curiosité avide.

— Mon Dieu! mets-toi à sa place, il aime!

— Il aura résisté.

— Il se flatte de t'attendrir, il espère...

— En vérité?.. mais quoi?

— Il pense que tu changeras pour lui.

— Oui dà!.. et est-ce par ses belles manières, ses harangues ou ses pleurs qu'il croit achever ce grand œuvre?.. Ma bonne Apolline, nous touchons à une découverte importante : le signor Rinaldi m'a toute la mine d'un audacieux furieusement effronté; C'est là, dis-tu, son écriture?

— Oui, car il ne fait pas écrire, je présume, ses lettres par un commis, puisqu'il l'est lui-même.

— Un commis!.. Signor Rinaldi, eut l'air de se dire à lui-même Léopold, nous nous reverrons. Vous êtes... Ne te tourmente pas,

Apolline; mais crois-moi, réserve ta colère contre Fontoreza : je crains qu'il ne nous ait abominablement joués.

— Lui! Grand Dieu! s'écria la jeune fille déjà toute tremblante, que veux-tu dire? de quoi l'accuses-tu?

— Je ne peux, repartit Léopold, révéler un secret que j'ignore; je dois encore moins communiquer des conjectures qui pourraient... il vaut mieux que je me taise; mais je ne tarderai pas à agir.

Ce propos mystérieux et menaçant en apparence ajouta à l'inquiétude qui déjà s'emparait d'Apolline; elle regarda son frère avec une expression d'anxiété, et de sa bouche à peine purent sortir des supplications pour détourner Léopold de chercher querelle à Rinaldi. Léopold eut pitié de l'état d'effroi de sa sœur; il vint à elle, la serra dans ses bras.

— Calme-toi, lui dit-il, ce que je te cache ne peut avoir qu'une issue satisfaisante, peut-être même heureuse; mais pour cela il faut que je poursuive l'exécution d'un plan dans lequel ton intervention serait nuisible.

— Mais tu sembles irrité contre Rinaldi, et c'est sa lettre qui a provoqué ta colère.

—Eveillé ma surprise serait une expression plus exacte, dit Léopold, et j'avoue que cet incident me transporte vers des terres inconnues; j'en reviendrai promptement, j'espère; j'éclaircirai cette manœuvre... Contente-toi de ma parole, que je ne croiserai jamais mon épée avec celle de... Rinaldi ?

— Et s'il te demande raison de quelque offense.

— Eh bien ! en réparation, je lui ouvrirai mes bras ou le chasserai comme un misérable.

— Mon frère, quelle alternative étrange !

— C'est Rinaldi qui l'a fait naître, n'accuse que lui et pas moi.

Apolline, dont la curiosité était montée au plus haut degré, autant que son appréhension, s'apprêtait de nouveau à supplier Léopold de déchirer le voile derrière lequel il se cachait, lorsque Rinaldi, ouvrant la porte avec brusquerie, se présenta inopinément... A sa vue, Apolline joignit les mains, et regarda le ciel; d'ailleurs hors d'état de pousser un cri ou de prononcer une parole; elle était debout, et un tremblement convulsif agita tout son corps avec tant de violence qu'elle dut moins se rasseoir que se laisser tomber sur son fauteuil, redoutant cette rencontre, et ne pouvant prévoir ce que Léopold réservait à Rinaldi.

Le premier essaya de monter sa physionomie à un ton solennel, à un calme qui pût le rendre maître de ses sens, et néanmoins tant de pensées diverses remplissaient son cœur, que malgré lui une agitation excessive manifesta sur son visage l'incertitude de son esprit.

Rinaldi, en accourant où il savait qu'il trouverait Apolline, ne s'attendait pas à rencontrer Léopold; lui aussi, à la vue de celui-ci, laissa échapper un geste d'impatience qu'il fut néanmoins prompt à réprimer : il s'arrêta au milieu de la chambre, ses yeux se portèrent tour à tour sur le frère et sur la sœur, et quand il eut bien vu le méconten-tement de l'un, le désespoir de l'autre:

— Je crains, dit-il, d'être survenu mal à propos.

— Pas autant, monsieur, que vous pourriez le croire; car vous avez la bonté d'arriver, on dirait tout exprès pour m'épargner le peine d'aller vous trouver chez vous.

— Je suis excessivement heureux de cette opportunité dans mon apparition ici, repartit Rinaldi du ton que prendrait quelqu'un qui penserait tout le contraire. En même temps il se tourna vers Apolline, toujours émue et troublée.

— Mademoiselle souffre ?

— Je ne suis pas bien.... mais j'espère que si vous, monsieur Fontoreza, vous souvenez, et que si toi, mon frère, conserves quelque amitié pour moi....

— Sais-tu bien ce que tu dis, chère Apolline, répliqua Léopold; on croirait que tu rêves.

— Oh! non, je suis dans une réalité trop pénible, trop positive. Il se passe autour de moi des choses que je ne comprends pas et qui peuvent devenir funestes. Rinaldi...... monsieur Fontoreza, n'oubliez jamais que Léopold est mon frère.

— Je me le rappellerai toujours avec trop de plaisir pour qu'un fait pareil échappe à ma mémoire.

— Reviens à toi, dit Léopold à mademoiselle de Trencavel; ne me suis-je pas expliqué de façon à dissiper tes alarmes. Je ne m'écarterai pas non plus de la promesse que je viens de te faire. Le signor Fontoreza est d'ailleurs un homme d'honneur.

— Je le pense comme vous, répondit Rinaldi froidement.

— Dès lors l'explication que nous aurons ensemble se terminera sans bruit.

— Tout comme il vous plaira, comte de Trencavel.

— Ah! Rinaldi, soyez sage, dit Apolline effrayée du sens que Léopold pouvait attacher à cette phrase, qui vraiment semblait être une provocation.

Le jeune Trencavel parut la prendre

ainsi, d'autant que le mouvement sardonique des lèvres de Rinaldi annonçait une intention malicieuse. Il en advint que Léopold, naturellement réservé, éprouva un dépit qui fut sur le point de l'arracher à la modération qu'il s'était promis de garder. Cependant il se contint par pur égard pour sa sœur, et retirant de sa poche la lettre de Rinaldi, qu'il avait déjà renfermée lorsque celui-ci était entré, et la présentant à ses yeux :

— Signor, dit-il, est-ce là votre écriture ?

Il y eut plus que de l'impatience dans l'expression dont se remplirent les yeux de l'Italien ; son front se colora et son pied frappa légèrement la terre. Il répliqua en même temps :

— Je ne peux le nier, et j'avoue que c'était pour ravoir cette pièce importante que je revenais à l'instant même. Je suis bien malheureux que vous m'ayez devancé !

— D'après ce que vous savez, et que sans doute je n'ai pas besoin de vous rappeler, poursuivit Léopold, un éclaircissement complet devient nécessaire.

— Je ne le vois que trop, monsieur...... mais que le ciel me punisse de mon étourderie!... Le sort est certainement contre moi.

— Serait-il pour nous? demanda Léopold avec une hauteur provoquée par la franchise audacieuse de Rinaldi.

— Je n'en sais rien. Tout ce que je peux dire, c'est que j'aurais payé cher pour que ce maudit chiffon ne tombât pas dans vos mains.

— Expliquez-moi ceci, dit encore Léopold avec une augmentation de gravité.

— La chose me sera facile et ma réponse claire : c'est qu'il ne me plaît pas que vous l'ayez en votre possession.

— Vous avez donc à le craindre?

— J'en ai de la peine, du dépit, tout ce qu'il vous conviendra, et si vous étiez un *bon enfant*, comme disent Messieurs les élèves du commerce, mes camarades, vous me rendriez cette lettre et oublieriez qu'elle a été en votre pouvoir.

Tout cela fut débité d'un ton de raillerie si marqué, qu'Apolline en ressentit un effroi profond. Elle trouvait que Rinaldi montrait peu de retenue, et qu'il affectait au contraire d'irriter Léopold. Elle s'attachait à examiner dans la contenance de celui-ci l'impression que recevait son ame, et au lieu de voir sur ses traits une colère marquée, elle s'émerveilla de n'y apercevoir que de l'indécision, et même au dernier propos de Rinaldi, encore plus goguenard que les autres, il repartit presque en riant :

— Savez-vous, signor, qu'en France une pièce pareille figurerait probablement en cour d'assises?

— Bon, seriez-vous assez cruel pour me traduire devant un tribunal, lorsqu'il est si aisé de s'entendre.

— Je ne demande pas mieux?

— Eh bien, puisque le contre-temps a eu lieu, si vous voulez me faire l'honneur de venir vous promener avec moi sur le boulevart Saint-Antoine....

— Vous ne sortirez pas! s'écria mademoiselle de Trencavel, à bout de sa patience, et redoutant que cette course proposée fût un rendez-vous de duel déguisé. Est-ce là le serment que vous m'avez fait l'un et l'autre; ne m'aviez-vous pas promis, Rinaldi, de respecter mon frère, et toi, Léopold, ne te souvient-il plus que je me suis engagée à renoncer au bonheur pour n'obéir qu'à ta volonté ?

— Rassurez-vous, mademoiselle, dit Rinaldi en prenant la parole avec empressement, je demeurerai le meilleur ami de monsieur votre frère, pourvu qu'il consente à vous accorder à mon amour, et après je supporterai sa hauteur, ses dédains, et nous nous entendrons relativement à la part qui doit lui revenir de votre fortune.

— Monsieur, repartit Léopold, comprenez-vous ce que vous dites ?

— Mais oui. Par exemple, mademoiselle a trois cent mille francs de rente, et vous n'en avez que dix-huit cents; mon projet, dès après mon mariage avec mademoiselle, est d'approuver le plan de son amour fraternel, ou pour mieux dire de vous abandonner la totalité de ses biens, car je ne sais pas être généreux à demi, surtout lorsque ma munificence ne coûte rien à ma bourse. Or, monsieur Léopold, que vous semble de cette proposition ? Elle est assez lucrative ; c'est, comme dirait M. Urbain Morase, une excellente affaire. Vous ne serez pas homme à la refuser.

Oh ! pour cette fois, Apolline éprouva un double sentiment de colère contre Rinaldi, qui outrageait Léopold sans mesure, et de terreur des conséquences où une pareille insulte pousserait celui-ci ; mais à quel degré monta son étonnement, lorsque Léopold, au lieu de répondre à cette offre inconvenante, se mit à rire de bonne foi, et que, s'adressant à Rinaldi, il lui dit avec gaieté :

— Signor Fontoreza, je présumais jusqu'à présent qu'une explication entre nous était nécessaire ; je commence à soupçonner qu'elle est inutile, car vous vous faites connaître peu facilement.

— Si vous êtes satisfait, riposta Rinaldi du même ton, je ne le suis pas encore, et morbleu! nous causerons ensemble tête à tête, puisque vous l'avez voulu.

Puis, s'adressant à Apolline, mademoiselle, dit-il, votre frère m'a méconnu; il est temps que je me montre à lui sous ma forme véritable, que je le range du parti des marchands de Naples. Il a besoin d'être inoculé d'opinions libérales, et je me charge de ce travail. Ne vous inquiétez pas sur les suites de notre rencontre. Vous voyez bien que dès que nous avons parlé argent, nous nous sommes entendus.

Ces derniers mots prononcés, Rinaldi s'empara sans façon du bras de Léopold, qui n'opposa aucune résistance, et tous les deux s'éloignèrent comme si jusqu'à ce moment ils avaient en amitié surpassé Oreste et Pilade. Apolline, confondue et ne comprenant rien à la manière dont finissait une tempête qui l'avait tant épouvantée, se demanda longtemps, sans obtenir de son esprit une réponse satisfaisante, ce que signifiait cet incident de la lettre, à laquelle Léopold mettait tant de prix, incident que Rinaldi avait traité avec tant de raillerie.

CHAPITRE XXXIV.

Maintenant le mariage d'une fille riche est plus une affaire de bourse qu'une de convenance.

Recueil de Maximes.

Encore un Refus provoqué.

Apolline réfléchissait encore à la scène que je viens de raconter, lorsque madame de Mareil entra. Elle vint selon son usage, les bras ouverts, et par des caresses moins affectueuses qu'éclatantes, poursuivre son rôle de flatteuse dont elle ne se départait pas.

— Vous devenez chaque jour un peu plus belle que vous n'étiez la veille, dit-elle à mademoiselle de Trencavel, en l'embrassant à plusieurs reprises. Aussi faut-il s'étonner du nombre de ceux que votre indifférence désespère ; parmi ces malheureux je citerai en première ligne le marquis de Saint-Estève. Vous plaira-t-il de le désespérer toujours ?

Ce qui nuit le plus aux projets que l'on forme est de travailler mal à propos à leur accomplissement. Madame de Mareil, en parlant de son ami, ignorait que dans ce moment une douce espérance, fondée sur ce penchant qui porte le cœur humain à regarder comme à son avantage tout ce qui ne lui est pas contraire, naissait dans celui d'Apolline. Elle n'avait pu se méprendre au ton de la fin du dialogue qui venait d'avoir lieu entre Rinaldi et son frère, au point d'y voir de la colère et le besoin de la vengeance. Elle s'imaginait que l'un et l'autre, réunis tout à coup par une cause qu'elle ignorait, s'entendraient peut-être pour assurer son bonheur. Était-ce dès lors l'heure favorable pour lui rappeler les prétentions d'un amant dont les soins avaient toujours été accueillis avec indifférence? Apolline répondit donc avec froideur et embarras. Elle blessa madame de Mareil, qui répliqua avec vivacité :

— Je vois ce qu'il en est, dit-elle; votre fantaisie ne s'affaiblit point; elle ne tardera pas à braver le vœu de votre famille; vous préférerez un commis au fils d'un roi. A votre aise, mademoiselle, je souhaite que vous soyez heureuse avec un étourdi dont la vie dissipée....

— Mon Dieu, répondit Apolline, que vous êtes sévère aujourd'hui envers le signor Fontoreza. De quelle manière jugerait-on la meilleure portion de la société si on tenait à tous ceux qui la composent un compte rigoureux de leurs antécédens.

Il y a dans certaines phrases des flèches aiguës qui vont frapper ceux qui ne sont pas en paix avec leur conscience. Ils en éprouvent la douleur sans que celui qui a porté le coup s'en aperçoive. Mais on doute de son ignorance, et de cela seul qu'il a frappé juste, on s'imagine qu'il a lancé le trait avec connaissance de cause et avec maligne intention. C'est ce qui marque de tant d'aigreur des reparties et des mots sans importance. Une preuve en fut fournie, au moment dont je parle, par madame de Mareil, qui, avec un ton sec et avec un regard non moins irrité, répondit des yeux et de la bouche à mademoiselle de Trencavel :

— Ainsi on se sert auprès de vous des armes de la calomnie pour noircir ceux qui vous aiment le mieux. Cela peut avoir un but utile; mais pour être loyal je ne le pense pas. Il est très-mal au signor Rinaldi d'employer le mensonge en armes défensives.

Apolline, surprise de cette sortie, que ce qu'elle avait dit ne lui paraissait pas devoir amener, examina madame de Mareil avec cet étonnement de l'innocence attaquée mal à propos.

— Qu'ai-je donc dit, demanda-t-elle ensuite, qui ait inculpé dans votre esprit le signor Fontoreza? Il me semble que son nom n'a pas dû élever cet orage.

— Vous vous confiez aveuglément à lui ; vous le regardez comme un homme d'honneur, et je sais, de science certaine, qu'il joue ici un rôle très-équivoque. Près de vous il est un simple marchand napolitain, et ailleurs il se donne une origine plus relevée. Il feint de n'aimer que vous, et il adresse ses soins à votre cousine. C'est un serpent que vous apprendrez à connaître lorsqu'il sera trop tard. Ce pauvre Saint-Estève, au contraire, est un ange de douceur et de simplicité.

— Votre amitié lui fait une part trop belle. Qu'il ait de l'esprit, nul ne le nie ; mais qu'il soit un agneau, c'est ce qu'on pourrait contester.

— Quoi qu'il en soit, vous le plongez dans un désespoir dont rien ne le retire. Consentez à le voir, à l'entendre. Vous avez bien reçu Fontoreza, et néanmoins votre frère espérait que vous n'en feriez rien.

Apolline, blessée de cette manière de querelle injuste qui lui était faite sans motifs, et peu empressée d'ailleurs de se rapprocher de Saint-Estève, répondit qu'elle connaissait Rinaldi depuis long-temps; que ce jeune étranger, attaqué à son tour par des rapports exagérés, lui avait demandé la faveur de prouver l'injustice de tant de calomnies; qu'elle l'avait admis uniquement pour lui fournir l'occasion de se blanchir; tandis que nul auprès d'elle n'avait desservi le marquis de Saint-Estève; que dès-lors il ne pouvait avoir rien à lui dire de particulier.

— Et en conséquence de sa conduite si parfaite, qu'on ne peut y mordre, vous le tiendrez en véritable exil.

— Il me semble que chaque jour il peut me voir chez vous ou chez mon oncle. Là, je ne refuse pas de lui parler; mais chez moi, dans mon intimité, je ne peux admettre que ma famille, mon conseil de tutelle.

— Et Fontoreza, ajouta malignement la belle intrigante. Tenez, ma chère Apolline, poursuivit-elle, j'écris trop de romans pour ne pas connaître ce qui se passe dans le vôtre. Vous aimez, en dépit de votre rang, de vos parens et de votre bonheur, un homme dangereux à votre repos. C'est la règle. Vous en dédaignez un autre qui rendrait votre vie douce, paisible, qui vous placerait dans une position élevée, la seule qui vous convient. Eh bien ! ceci se retrouve encore dans des ouvrages d'imagination. C'est une des erreurs de la nature, et vous ne vous en échappez pas avec votre supériorité.

— C'est parce que je suis plus faible qu'on ne le pense, repartit Apolline en souriant; peut-être aussi qu'il faut attribuer mon affection au soin qu'on a pris de la combattre, car en nous il semble que tout est contradiction.

— Dans ce cas, répliqua madame de Mareil avec une gaîté qu'intérieurement elle ne possédait pas, je reconnais notre tort. Nous aurions dû vous montrer de loin Saint-Estève, et puis établir autour de vous des lignes de circonvallation, flanquées de bonnes redoutes, afin de vous interdire son approche. Par ce moyen tout nous porte à croire que vous auriez fini par l'aimer à la folie.

— Je ne le crois pas, dit franchement

Apolline, et je le prouve en vous avouant que ses hommages ne m'ont jamais poursuivie dans mes insomnies ou dans mon sommeil.

— Dans ce cas, son infortune est irrévocable. Cependant entendez-le, consentez à le voir, et, du moins en apparence, ne traitez pas un homme de sa sorte moins défavorablement qu'un petit élève du commerce.

L'expression de mépris qui accompagna ces derniers mots blessa profondément Apolline. Plus elle aimait Rinaldi, et moins elle aurait voulu qu'on le rabaissât. La manière leste avec laquelle madame de Mareil parlait de lui faisait craindre à mademoiselle de Trencavel que le monde ne traitât pas moins sévèrement son affection pour ce jeune homme. Les positions sociales ne se maintiennent dans leur éclat, lorsqu'elles sont élevées, que par des sacrifices. Ce n'est pas seulement un préjugé que d'apporter un soin extrême dans le choix à faire de celui ou de celle à qui on veut unir son sort, c'est un devoir. Des sophistes ont tout brouillé en prétendant que la vertu consiste à confondre toutes les classes. Cela s'appelle plutôt céder à ses passions. La société ne se maintient que par un équilibre parfait et perpétuel entre ses diverses parties. Elle disparaît au contraire lorsque l'on l'entraîne vers le chaos. Les époques d'égalité absolue le sont aussi nécessairement de perturbation. Ce n'est donc pas un tort, un ridicule, un acte d'orgueil de chercher dans le mariage la convenance de la naissance et du rang; il y a là sagesse, prudence réfléchie, et rarement les engagemens disproportionnés sont heureux.

Apolline avait trop de raison et de droiture d'esprit pour ne pas faire des réflexions analogues à sa position vis-à-vis Rinaldi; mais par une de ces bizarreries de notre ame, elle s'irritait que d'autres les fissent pour elle, et madame de Mareil manquait d'adresse. Il y a toujours un moment où ceux qui intriguent commettent une faute qui compromet la trame qu'ils poursuivent dans ses développemens.

Ce jour-là, madame de Mareil, qui jusqu'alors s'était ménagé une place avantageuse dans les affections d'Apolline, travailla à s'en dessaisir contre sa volonté ; mais elle aussi était jolie femme, et par conséquent fantasque. Il était des heures où il lui déplaisait de jouer le rôle de complaisante, où l'orgueil amenait en elle un sentiment de fierté : ce sont ces alternatives qui composent un caractère. Il est rare qu'on en trouve d'une teinte uniforme, et dans ce cas ils manquent de naturel.

Madame de Mareil, puisqu'elle voulait obtenir pour son protégé la faveur d'un entretien particulier avec Apolline, aurait dû employer, pour réussir, des tournures plus souples et mieux insinuantes. Il résulta de sa sortie contre Rinaldi qu'un refus constant lui fut opposé. Il fallait l'admettre ou se brouiller avec mademoiselle de Trencavel. Le dépit, si on l'eût interrogé, aurait donné ce conseil; la prudence, mieux voilée, fournit celui de patienter, et de finir là toute persistance.

Il est rare que la conversation puisse être soutenue avec chaleur lorsqu'un refus désagréable l'a primitivement arrêtée; elle recommence froidement, sans suite, et devient pénible aux deux interlocuteurs : c'est alors un besoin que de la terminer, et on se sent soulagé aussitôt qu'elle touche à sa fin. La chose arriva dans cette circonstance. Apolline était embarrassée de sa résistance, et madame de Mareil mécontente, aussi tarda-t-elle peu à se retirer, à l'aide du premier prétexte qu'elle mit en avant.

Il y avait quelques minutes que, rentrée dans sa chambre, elle y poursuivait le cours de ses idées de vengeance, lorsque Saint-Estève se présenta.

— Tu es battu, lui dit-elle, et je le suis avec toi. Notre héritière est une girouette achevée, elle est revenue plus que jamais à sa première inclination.

— A qui la faute, repartit aigrement Saint-Estève? à toi, qui as voulu agir de ruse, au lieu de me laisser combattre en ennemi direct. Au moment où nous sommes, si j'avais suivi mon impulsion, un éclat frauduleux aurait eu lieu, et le duc de Minotaro ne voudrait plus de cette précieuse.

— Un duc de ta façon, appelle-le entre nous de son nom véritable.

Saint-Estève fit un mouvement de lèvres comme s'il allait répondre sur ce point; mais il céda sans doute à un avis de son esprit, et se retint. Il dit cependant :

—De ma façon ou non, on le croit ici de haute naissance. Qui nous a dit qu'une imprudence des Morase ne l'aura pas fait connaître à mademoiselle de Trencavel? Il est certain, pour moi, que ce signor l'épousera dès qu'il le voudra bien. Il faudrait donc que la rupture vînt de lui, et elle n'éclatera qu'en vertu de la jalousie allumée. Ces Italiens sont furieux lorsque ce sentiment les égare.

—Et tu ne craindras pas d'éveiller celle de Rinaldi?

—Oh! j'ai la main habile à l'épée et au pistolet, et mon duc de Minotaro (il appuya sur ce mot) n'est pas homme à se défaire de moi par un assassinat, selon la coutume de ses compatriotes.

—Apolline refuse de t'admettre chez elle.

—N'y a-t-il pas un escalier qui monte de la cour à son cabinet de travail?

—C'est moi qui te l'ai fait connaître.

—Je peux arriver chez elle par là.

—Pourquoi faire? elle te renverra.

—Soit: qu'elle fasse du bruit, j'en aurai bon besoin. D'ailleurs les nuits sont longues et obscures.

—Pendant la nuit tu entrerais chez elle?

—Cela t'étonne? Je suis plus accoutumé à travailler dans les ténèbres qu'à la clarté du soleil.

Ce propos, que Saint-Estève prononça avec une tranquillité effrayante, fit tressaillir madame de Mareil, tandis qu'un dégoût visible se montra sur sa physionomie. Saint-Estève, tout occupé du projet infernal qu'il méditait, ne s'en aperçut pas, et Eugénie se hâta de reprendre sa sérénité apparente.

—Malheureux! dit-elle, en affectant de rire, ce qui lui coûta beaucoup, ne crains-tu pas un nouveau démêlé avec la justice?

—Non, répondit Saint-Estève, ma détermination est prise, je ne tomberai plus au pouvoir de mes ennemis naturels, ou si ces harpies mettent encore leurs griffes sur moi, je ne leur abandonnerai que mon cadavre. Je ne suis pas de ceux qui regrettent le banc des galériens.

Madame de Marcil, cette fois, ne put déguiser complètement son émotion.

—Oh! que rappelles-tu là, et pourquoi cette résolution sinistre?

Saint-Estève ne répondit pas, il calculait comment il fallait s'y prendre pour arriver pendant la nuit dans la chambre à coucher de mademoiselle de Trencavel. Il questionna sa complice sur les localités. Elle, redoutant un acte aussi funeste, le conjura d'y renoncer.

—Je ne le peux, dit-il, le moment s'approche où je serai au bout de mes ressources. Il me faut Apolline, sa dot, ou l'équivalant. D'ailleurs, penses-tu qu'un mariage entre elle et moi est possible? Ce farouche M. de Lens, qui m'a l'air d'un sournois de première classe, m'abandonnera-t-il une aussi riche proie sans me connaître à fond.

Et s'il s'avise d'interroger l'ambassadeur de mon cher père, ne faudra-t-il pas en venir à prouver mon identité, et alors on s'enquêtera de ce qu'est devenu mon sosie...... Ma chère enfant, songe que tu as porté mon nom, et qu'il sera difficile que l'orage tombe sur moi sans que tu sois horriblement mouillée. Laisse-moi tenter un coup hardi; nous partagerons; et tu seras vengée.

Madame de Mareil ne se rendit pas à ces raisons, qui ajoutèrent à son effroi; la vie de coquette lui convenait sans doute, mais celle du crime lui répugnait, et l'audace de Saint-Estève la remplissait d'épouvante; elle lutta long-temps.

—Il faut en finir, néanmoins, répliqua le bandit. Tu dois choisir de moi ou d'elle. S'il te plaît de lui donner la préférence, je peux enrichir tes romans d'un épisode intéressant, celui de ton mariage...

—N'achève pas, repartit madame de Mareil accablée, tu veux m'entraîner dans l'abîme, je te cède; aussi bien ma destinée doit s'accomplir. Mais que prétends-tu faire?

—En vérité, je n'en sais rien. Agir selon

les circonstances; m'adresser, soit au cœur, soit au coffre-fort de ma belle indifférente; emporter son amour ou ses billets de banque, et franchement ces derniers me conviendraient mieux. C'est, je le sais, une manière peu digne de ma haute naissance; mais, que veux-tu? on s'enrichit comme on trouve l'occasion de le faire, et, pour ma justification, il est certain que je n'ai étranglé aucun de mes bienfaiteurs.

—Saint-Estève, dit madame de Mareil en souriant, crois-moi, ne mêle pas la politique à tes œuvres hardies.

Il demanda en réponse un plan détaillé de l'intérieur de l'appartement de mademoiselle de Trencavel. Madame de Mareil le lui promit pour le lendemain.

—Ecoute, Eugénie, lui dit-il alors, écoute mon ultimatum, je le veux tracé par toi, et avec des notes explicatives de ta main; c'est une précaution de prudence. Oh! ma chère amie, si je suis méfiant, c'est que je te connais bien.

Madame de Mareil pâlit à cette demande

fatale, et se troubla au point que, sans trop faire attention à ce qu'elle allait dire :

— As-tu donc le dessein de me punir de tout ce que j'ai fait pour toi ?

— Je t'aime tant, ma belle amie, que si malheur m'arrive, mon ame désire le partager avec toi. Il se pourrait que, sans y attacher de l'importance, tu laissasses échapper un mot dangereux, un mot qui donnerait l'éveil, qui me placerait inopinément en une situation désagréable ; tandis que ton silence sera certain, lorsque je porterai sur moi la preuve de ton adhésion à mon expédition nocturne.

— Misérable démon !

— Que veux-tu ? nous sommes comme les passions nous ont faits. Soumets-toi à ta destinée. Au reste, si mon entreprise réussit, je quitte la France, et je débarrasse ta tendresse de mon amour.

Et Saint-Estève se mit à rire. Madame de Mareil eut un instant la pensée de jouer le sentiment ; cela ne lui fut pas possible. D'ailleurs son compagnon s'y serait-il mépris ? Elle se contenta de lui répondre, qu'elle avait son sort lié au sien, tant qu'il demeurerait à Paris.

—Dans ce cas ta délivrance est prochaine. Il dépend de toi de la hâter.

Le prétendu marquis prit alors congé de madame de Mareil, en employant, par ironie, les formes solennelles d'une politesse exagérée. Madame de Mareil demeura immobile jusqu'à ce qu'elle l'eût perdu de vue. Alors un soupir pénible s'échappa de son cœur; et tandis qu'elle s'approchait lentement d'une fenêtre, pour suivre encore dans la rue la marche de cet exécrable mauvais sujet :

—Voilà, se disait-elle, où conduisent les imprudences multipliées. J'étais née pour remplir un rôle honorable dans le monde, et je me suis laissé conduire....

Elle interrompit son monologue pour donner toute son attention à une scène qui s'ouvrait dans la rue, en face de la maison Morase, et qui était propre à piquer la curiosité de madame de Mareil.

CHAPITRE XXXV.

Istuc est sapere, qui, ubicum que opus sit, animum possis flectere.

C'est être sage que de savoir plaire quand il le faut.

TARENCE, *l'Hécyre*, acte III, scène II.

Le Napolitain.

Saint-Estève sortait de chez sa complice avec cette joie cruelle des ames coupables, qui jouissent de la douleur d'autrui. Il était véritablement heureux de pouvoir entraîner madame de Mareil à s'enfoncer davantage dans le bourbier. Elle n'était que trop descendue. Il s'était réservé de la punir durement de son hésitation, au moyen d'une scélératesse qu'elle ne pouvait soupçonner. Satisfait d'ailleurs d'atteindre à son but réel, celui de voler Apolline, qu'il savait ne pouvoir épouser, il allait préparer les dernières mesures à prendre pour assurer sa retraite, déterminé qu'il était à abandonner la France, où il tarderait peu à être connu.

Satisfait, dis je, et doublement, il franchit la porte de la maison, et se dirigeait vers l'intérieur de Paris, étant venu ce jour-là à pied, contre son usage, car il aimait peu à se montrer dans les rues, où il pouvait rencontrer plus souvent ses anciens camarades que dans les salons ou aux Bouffes et à l'Opéra, il cheminait préoccupé de son idée dominante du moment, et que je viens d'expliquer, lorsqu'il se sentit saisi par une main de fer, tandis qu'une voix étrangère et fortement accentuée retentit avec dissonnance à son oreille.

— *Per Santa Rosalia !* je te rencontre enfin, *Bandita maladetta*, et pour cette fois tu ne m'échapperas pas sans m'avoir satisfait de tout point, sans que je me laisse leurrer par tes paroles menteuses.

Saint-Estève, surpris à l'improviste, pâlit, et un tressaillement soudain manifesta son effroi à ces paroles mal sonnantes; il leva vivement les yeux, et reconnut Pepe Volti, le Napolitain, le valet fidèle de Rinaldi Fontoreza, qui survenait certes mal à propos. Saint-Estève dans le premier moment avait été trahi par son effroi involontaire; mais bientôt, reprenant son audace, il essaya d'en imposer au *camerière* véhément; et, cherchant à se dégager du bras qui le retenait:

—Vous vous trompez, l'ami, dit-il en affectant la hauteur d'un homme bien né qui se trouverait en position pareille, je suis le marquis de Saint-Estève, et ne peux être aucunement connu de vous.

— Oh! *marchese ma* plutôt *baronne*, peu m'importe le titre que tu prends maintenant, l'essentiel est que je retrouve la personne de ce drôle de Jeanval qui, sous ce nom, m'a volé au jeu et a tenté de séduire ma *Zitella*.

— Je vous certifie, monsieur, que votre

erreur est inexcusable, et, dans votre intérêt, je vous ordonne de ne pas m'arrêter plus long-temps.

— Per *Santa Rosalia!* non certes, je n'en ferai rien, repartit Pepe Volti en secouant plus rudement encore le pan de l'habit qu'il avait accroché. Si pourtant il te déplaît que ce soit moi qui t'amène à la potence, suis-moi au corps-de-garde de la rue des Francs-Bourgeois, et là nous nous expliquerons en face du commandant du poste.

— Ce serait une belle partie, que je consentirais à jouer avec toi, repartit Saint-Estève, cherchant toujours à conserver sa supériorité apparente de costume, sinon de droit et de force, et si je consentais à aller où tu me proposes, tu serais châtié de ton audace; mais je vois que j'ai affaire à un fou; il convient de te traiter conformément à ta maladie; tu prétends que j'ai voulu te débaucher ta maîtresse ?

— Oui.

— Ai-je réussi?

— Non, car tu es en vie, et si tu m'avais fait cet affront, mon stylet aurait fait connaissance avec ton sang pestiféré, vilain *Buggiardo !*

— Je ne te dois donc compte que de l'argent que je t'aurais volé, poursuivit Saint-Estève, sans faire attention aux injures.

— C'est cela à peu près.

— Eh bien ! quelle est la somme que tu réclames de ce général dont j'ai le malheur de porter la ressemblance ; j'aime mieux la perdre que d'avoir à faire à un enragé Napolitain.

— *Maladetta Bouggiarco*, crois-tu que je me laisserai prendre à ces airs de grandeur ! je sers un véritable *nobile*, et je sais faire la différence entre ceux de son rang et ceux de ta trempe; oui, *per Santa Rosalia*, tu me paieras jusqu'au dernier sou que tu m'as dérobé ; j'avais ce jour-là cinq sequins en bon or de Venise, et tu me les escamotas en véritable fils du démon.

Saint-Estève souffrait un supplice réel de la manière brutale dont il était traité; brave naturellement, il aurait en tout autre lieu essayé de lutter contre Pepe Volti ; mais au milieu de Paris, en plein jour, et avec un pareil compère, les conséquences du combat auraient été mille fois plus fatales que le combat même ; il y a des hommes qui sont effrayés de leur bon droit, attendu que tout éclat peut mettre sur la voie de leurs méfaits passés. Saint-Estève était de ceux-là, et il aurait eu des inquiétudes sérieuses s'il lui avait fallu se justifier des imputations dont le Napolitain n'aurait pas manqué de le charger ; le plus prudent était donc de le satisfaire ; mais Saint-Estève, par un coup fortuit dont il apprécia le désagrément, n'avait pas sur lui la somme réclamée ; il ne se souciait pas non plus de conduire son créancier jusqu'à son logement, afin qu'il ne pût en profiter plus tard pour lui jouer un mauvais tour dont il le croyait très-capable ; comment alors sortir de cet embarras? Saint-Estève songea à retourner chez madame de Mareil , et à lui demander l'appoint nécessaire ; ceci encore se présentait désagréablement.

— Je voudrais, dit-il, avoir sur moi les trois pièces d'or qui feraient à peu près la somme dont tu cherches à me dépouiller ;

mais je ne l'ai pas, voilà 40 francs en à-compte.

— Quarante démons qui t'étranglent! Serai-je assez simple que de te laisser aller! où te retrouverai-je? Non, non! je m'attache à toi; je ne te quitte plus, *ladrone*. J'aurai mon argent, ou il n'y aura plus de justice en France.

Et Pepe Volti recommença à secouer Saint-Estève de telle façon, tandis que sa voix s'élevait en proportion pareille, que les passans ne pouvaient tarder à remarquer cette sorte d'attaque, et l'intrigant ne voulait pas plus cela que le reste; force alors lui fut de prendre un parti qui lui répugnait.

— Vil lazzare! dit-il en écumant de colère, rends grâce à la ville où nous sommes; car partout ailleurs je t'aurais appris à te conduire; mais puisque ma faiblesse morale me rend la dupe d'un véritable bandit calabrois, il faut que j'en porte toute la peine. Vois-tu cette maison?

Et il désigna celle des Morase.

— Oui, répondit Volti, et même je connais ceux qui l'habitent.

— Toi! s'écria Saint-Estève consterné.

— Oui, moi et mon noble maître.

— Qui est-il? demanda l'interlocuteur avec empressement.

— Le signor Rinaldi Fontoreza.

Un blasphème sacrilége échappa à Saint-Estève; il regarda en même temps autour de lui, et ses yeux parurent désirer de n'apercevoir qu'une vaste solitude; mais un grand nombre d'individus circulaient alors dans la rue Saint-Louis, et la main, qui déjà cherchait un instrument de mort dans la poche secrète de son habit, retomba languissamment. Volti avait compris le regard et le geste, et, sans en être ému, lui aussi se mettait en mesure. Il laissa courir sur ses lèvres minces un sourire sardonique.

— Il fait trop jour, dit-il, pour que nous jouiions des couteaux ici comme on le ferait dans notre bonne ville de Naples; je suis en garde d'ailleurs, et je te conseille de prendre un parti, sans quoi j'appelle du secours, et te livre à la justice.

Le péril était trop éminent avec un homme de la trempe de Pepe Volti pour que Saint-

Estève s'opiniâtrât à le prolonger ; il comprit que, quel que fût son espoir à venir, il fallait le sacrifier à la nécessité du présent.

Ce présent était tout : Volti, en Napolitain véritable, ne pardonnait pas une injure, et moins encore ce qu'il appelait le pillage de sa bourse. Sa vigueur corporelle était prodigieuse ; un démêlé avec lui-même en remportant la victoire pouvait conduire à un dénouement fâcheux. Saint-Estève vit tout cela et, d'une autre part, quel que fût le danger d'entrer dans l'hôtel Morase, dont un des habitués était le maître actuel de Pepe Volti, encore valait-il mieux contenter l'avidité de celui-ci que d'éveiller sa vengeance.

— Suis-moi, dit Saint-Estève, je vais demander à une personne que je vois quelquefois ce qu'il faut pour te contenter ; mais si la somme que tu réclames ne te satisfait pas ; si, quand elle sera en tes mains, tu parles de moi, tu me calomnies, je serai en droit à mon tour de te rendre la pareille, et je n'y manquerai pas.

Cela dit, il quitta Pepe et monta rapidement chez madame de Mareil ; il ne se doutait pas qu'elle avait été le témoin intéressé de la scène avec le Napolitain; que, sans avoir entendu les paroles, elle avait compris d'après les gestes que lui, Saint-Estève, demeurait soumis à l'influence de son assaillant. Madame de Mareil aurait payé cher pour savoir le motif de la querelle, et apprendre par quelle particularité Saint-Estève se trouvait en liaison antérieure avec le domestique de Rinaldi.

Jusqu'à ce moment, Pepe, je crois l'avoir dit, n'entra jamais chez les Morase ; madame de Mareil, seule instruite de son existence savait à quel titre il vivait dans la demeure de Rinaldi; elle se promit de s'adresser à lui pour obtenir les éclaircissemens que Saint-Estève lui refuserait sans doute, et qu'elle ne lui demanderait pas, dans la crainte d'éveiller sa susceptibilité. Cachée derrière un rideau, elle suivait la pantomine de cette conversation hostile, en calculait les incidens divers sans parvenir à leur donner un sens propre à la satisfaire ; mais, lorsqu'elle vit Saint-Estève et Volti revenir vers la maison, alors, et pour que rien ne fît soupçonner au premier qu'elle avait tout vu, madame de Mareil passa dans son boudoir, qui donnait sur le jardin.

A peine venait-elle d'y entrer lorsque Saint-Estève se présenta ; il avait eu le loisir de reprendre sur son émotion l'empire que l'insistance de son ennemi lui avait fait perdre : il aborda sa complice presque avec gaieté, et la pria de lui donner 30 francs.

— Ils me sont nécessaires, dit-il, pour rendre la vie à un pauvre diable très-malheureux, qui a besoin de trois louis environ pour se défaire d'un créancier impitoyable. La somme tout entière n'était pas dans ma bourse, la vôtre m'en fera-t-elle l'avance jusqu'à ce soir ?

Madame de Mareil admira comment la vérité était cachée sous une bienfaisance apparente, et, sans faire aucune réflexion, donna l'argent nécessaire à cette bonne œuvre. Alors, regardant avec attention Saint-Estève, elle crut le voir respirer plus librement; il abrégea la visite, et partit aussi rapidement qu'il était venu. Eugénie aussitôt retourna à la fenêtre ; elle vit Volti et Saint-Estève s'éloigner ensemble, et prendre vers la Place-Royale; ils se perdirent dans l'éloignement. Où allaient-ils? quelle cause les réunissait après une discussion si animée? ce furent des questions dont la solution demeura suspendue, et que l'un des deux interlocuteurs pourrait seul résoudre, s'il lui convenait de le faire.

Cette particularité, quoique très-indépendante de la vie actuelle de madame de Mareil, ne diminua pas son inquiétude; tout ce qui se rattachait à Saint-Estève l'intéressait dans la situation présente. Cet homme était son mauvais génie, qui venait l'arracher à une solitude d'où elle espérait sortir bientôt pour reprendre sa vie passée toute de plaisirs, de fêtes et de coquetterie, où elle espérait rencontrer, sinon le bonheur, du moins la gloire, grâce à la carrière littéraire où elle allait se faire un nom ; car elle ne manquait ni de talent ni de mémoire; peut-être un jour écrirai-je ses aventures particulières : elles amuseront.

Cette journée féconde en événemens intérieurs s'écoula, et la soirée réunit dans le salon des Morase une portion de la société qui s'y rassemblait habituellement. Astasie se montra rêveuse et boudeuse, prête à se fâcher au moindre propos, s'en prenant à chacun de ce qui était son affaire privée, et affichant de la maladresse lorsqu'il eût fallu faire preuve d'esprit, afin de ranger les railleurs de son côté.

Urbain Morase, comme un épagneul en arrêt, demeurait presque immobile devant Apolline, ne la perdant presque jamais de vue, tourmenté lorsqu'un autre jeune homme lui parlait, et surtout tombant dans une attaque de jalousie piquante chaque fois que Rinaldi, sans s'embarrasser s'il le trouvait bon ou mauvais, s'approchait de mademoiselle de Trencavel, et l'amusait par sa conversation piquante et variée, qui surtout ne tenait en rien aux habitudes de la société du commerce, où la franchise manque souvent d'urbanité.

Rinaldi ce soir-là se faisait remarquer par sa gaieté folle et audacieuse; jusqu'alors il s'était tenu assis à l'écart, en jeune homme modeste, tel qu'un commis doit l'être en face du patron superbe qui ne plaisante pas sur le crime de familiarité ; maintenant aisé, hardi, railleur avec grâce, plaisant sans trivialité, il se faisait voir fort à son avantage, et Apolline jouissait de ses succès.

Léopold, loin de le fuir, loin au moins de lui parler avec cette froideur sévère que jusque là il avait employée à son égard, et pour repousser les avances, Léopold, dis-je, souriait à Rinaldi, le suivait d'un œil satisfait, et parfois ils échangeaient un sourire d'intelligence : ceci paraissait étrange à plus d'un spectateur. Le chevalier de Lens entre autres ne s'en accommodait pas; l'intimité de Rinaldi avec le frère et la sœur lui paraissait inconvenante, et il s'agitait indigné et prêt à se fâcher ; car il ne pouvait plus patienter.

Celui-là n'était pas seul à voir avec dépit et envie Rinaldi dans toute sa gloire : en arrière et boudant au retour de la cheminée, se cachait à demi l'avocat Denisal, sec et gourmé, ne parlant plus au chevalier de Lens, ne s'approchant pas d'Apolline, mais lui lançant des regards qu'il croyait remplis de passion, et où uniquement éclatait l'avarice. Le général baron Malvière était lui aussi en position mécontente; il souffrait avec mauvaise humeur l'audace d'un courtaud de boutique, d'*un calicot* (le terme n'est pas de moi). Le général, qui avait tant déclamé contre la morgue de l'ancienne noblesse, contre ce qu'il appelait l'orgueil féodal, se récriait avecnon moins de vanité sur la hardiesse d'un apprenti marchand qui osait faire acte d'amour envers une demoiselle issue d'une des premières maisons de France : ces messieurs actuels ne veulent de l'égalité que pour eux; elle leur est odieuse dans ceux qu'ils regardent comme étant inférieurs à leur noblesse toute dorée dans sa nouveauté.

Le député Jusan lui aussi en harmonie avec le reste des prétendans frémissait de colère; il y avait des momens où ce sauveur de la patrie se demandait si tout commis qui s'avise de porter ses vœux à une fille de haute naissance et immensément riche ne doit pas être rangé, par ce fait seul, dans la classe des républicains, et envoyé sans miséricorde aux cabanons du Mont Saint-Michel. Le temps est proche où l'on reverra sous une monarchie craintive, parce qu'elle connaît son origine, ce despotisme cruel des époques de barbarie ; les prisons homicides de la convention nationale, il faut l'avouer, n'approchèrent jamais des cachots où la vengeance petite et méchante du juste-milieu détient maintenant ceux qui ont le malheur de lui déplaire.

Il est certain que si les Morase avaient cru Rinaldi un simple jeune commis, que si le titre de duc de Minotaro, que lui avait imposé l'intrigue de madame de Mareil, ne l'eût soutenu contre sa propre hardiesse, une scène publique lui aurait été faite, et l'orgueil du marchand se fût prononcé avant celui plus naturel du chevalier de Lens; mais la destinée semblait prendre plaisir à conduire par la main ce téméraire étranger. Les Morase respectaient en lui cette grandeur nobiliaire contre laquelle on crie tant, et que néanmoins chacun vénère ou désire. Léopold de Trencavel, qui eût dû l'arrêter dans son élan, et qui, la veille encore, n'eût pas manqué de le faire, changé aujourd'hui par je ne sais quelle magie, ou feignait de ne pas voir les actes passionnés de Rinaldi, ou ne les regardait que pour l'encourager par des signes d'une amitié satisfaite; enfin Apolline elle-même, entraînée par le penchant de son cœur, ne se ressouvenait plus de la promesse faite à son frère ; l'explication qu'elle avait eue avec son amant lui paraissait si complète, si décisive, que le monde entier devait s'en contenter avec elle.

C'était ainsi que chacun des personnages rassemblés chez les Morase se livrait aux mouvemens passionnés de son cœur; et le cœur a tant d'agitations, de phases variées, de fantaisies secrètes, qu'on ne parviendra jamais à l'épuiser dans les peintures qu'on en tracera; c'est une terre toujours féconde, une mine sans fond que les gens habiles exploitent avec avantage, et dans laquelle ceux qui débutent trouvent encore à faire leur profit. Pourquoi au lieu d'y puiser uniquement comme on devrait le faire, va-t-on se fourvoyer dans les sentiers de l'erreur? Pourquoi chercher le faux à la place du vrai, l'horrible à la place du simple, et se perdre dans les nues, lorsqu'il y aurait à faire si bien en demeurant dans le naturel? c'est le goût moderne, il passera; le bon goût a bien passé.

CHAPITRE XXXVI.

Celui qui se connaîtra un grand avantage à lutter contre ceux qui ne le connaissent pas.

Retif de la Bretonne.

Il est seul et lutte avec avantage.

Tandis que des sentimens divers agitaient les personnes réunies dans le salon de M. Morase, le marquis de Saint-Estève vint lui aussi apporter sa part de mécontentement et de souci profond. Madame de Mareil avait les yeux fixés sur la porte d'entrée; aussi fût-elle la première à voir son complice et à remarquer le chagrin ou plutôt l'inquiétude dont son front était couvert ; ce n'est pas qu'il ne s'efforçât de la déguiser sous des airs avantageux et légers ; mais malgré lui elle éclatait par intervalle , pour peu qu'il oubliât de veiller à se maintenir dans un calme apparent.

Ses regards farouches et inquisiteurs, parcoururent d'abord rapidement les diverses parties du salon, comme s'il craignait d'y rencontrer des importuns ou des gens redoutables ; rassuré par ce qu'il y vit, il s'avança et salua à la ronde avec une affabilité dont il ne s'aidait pas toujours ; mais, à la vue de Rinaldi, son embarras redoubla, et il fallut qu'il prît beaucoup d'empire sur son effroi intérieur pour s'approcher de lui, ce qu'il fallait faire nécessairement pour saluer Apolline, qu'il paraissait avoir résolu de ne plus quitter.

Les prétentions du jeune Italien sur mademoiselle de Trencavel se déguisaient trop peu pour que Saint-Estève ne les vît pas dans leur développement ostensible. Sans doute que, dans une occurrence antérieure, lui, moins que tout autre, se serait mis en mesure de les respecter ; il les aurait bravées au contraire, mettant son plaisir à écraser ce petit monsieur qui, échappé du comptoir, s'avisait de faire la roue du paon autour d'une illustre héritière.

Mais la situation respective des deux aspirans au même but était changée par un de ces caprices si communs de la fortune. Le commis affichait des airs de grand seigneur avec une aisance véritablement insolente, et le marquis, issu de sang royal, au lieu de le foudroyer de ses regards superbes, ne rechercha les siens qu'en tremblant, et ne se montra plus calme que lors qu'il se fut assuré de leur indifférence à son égard ; alors il reprit une partie de son assurance précédente, et un rire moins contraint reparut sur ses lèvres décolorées.

Il parla peu à mademoiselle de Trencavel ; trouvant néanmoins l'occasion de se plaindre de sa rigueur, il ne manqua pas de le faire, et se mit à jouer l'amour avec une froideur dont il comprit lui-même le ridicule ; et quoiqu'il cherchât à le réchauffer, il ne put y parvenir ; cependant il se tourmentait dans ce but. Apolline répondit d'un ton encore plus glacé, et pendant qu'elle lui parlait, toute sa personne peignait une indifférence propre à détruire l'espoir que Saint-Estève aurait pu conserver de lui plaire ; mais il n'était pas à la conversation, sa bouche parlait non inspirée par son ame, et certes il s'inquiétait peu de ce qui aurait mis aux champs un autre amant.

Lui peut-être ne se voyait point dans cette situation ridicule, qui ne put échapper à madame de Mareil ; celle-ci s'en alarma pour son compte, et, par un signe, elle l'appela auprès d'elle.

— Au nom de vos intérêts les plus chers, dit-elle quand il l'eut rejointe, qu'avez-vous donc maintenant ? si je vous eusse laissé faire encore, je vous rendais la risée de la compagnie, et, ce qui eût été plus dangereux peut-être, vous seriez devenu le point de mire de son attention et de ses conjectures.

— Ce que j'ai, répéta Saint-Estève en recommençant son rôle d'observateur matériel !

Et lorsqu'il crut que personne n'était assez près pour l'entendre, il se pencha vers sa complice : Je ne le sais que trop, poursuivit-il; l'enfer, lassé de me souffrir tranquille, se déchaîne contre moi avec une âpreté désespérante. Je vois à Paris un péril imminent, et il y a nécessité à ce que je ne perde pas une minute pour m'y soustraire.

Eugénie employa une partie de son adresse à cacher la joie que lui causait cet aveu ; et au contraire, montant sa physionomie au jeu de l'intérêt le plus tendre, et se mettant à parler encore plus bas que lui :

— Vous me causez une terreur inexprimable ! que vous est-il donc arrivé ? quelle imprudence avez-vous commise ?

— Celle de marcher dans la rue droit mon chemin avec la candeur d'un enfant, et de ne pouvoir dérober les traits de mon visage à ceux qui en ont conservé le souvenir.

— J'entends, vous avez fait une mauvaise rencontre.

— Un peu plus funeste que si j'eusse trouvé Satan en personne.

— Et votre aventure est-elle un secret ?

— Je devrais du moins la taire jusqu'à nouvel ordre ; mais j'ai en vous tant de confiance que je vous la révélerai... Avez-vous songé à moi?

— Oui.

— Le travail demandé...

— Est prêt.

— Ah! tant mieux, les minutes doivent être comptées ; une minute en oubli ou dédaignée peut changer mon sort de point en point.

Madame de Mareil écoutait avec anxiété cette révélation encore mystérieuse, pensant bien que le motif de la frayeur de Saint-Estève se rattachait sans doute à la rencontre qu'il avait faite de Pepe Volti ; elle se promit plus que jamais, quoi que d'ailleurs il pût lui dire, d'avouer à son tour que le hasard l'eût rendue le témoin de cette conversation sinistre. Saint-Estève dit ensuite :

— Je m'aperçois que la pensée dont la violence me domine me rend étrange ce soir, que je suis peu à la société : j'aurais dû ne pas venir, et pourtant il m'a été impossible de me vaincre là-dessus; je tenais à voir le duc de Minotaro, à interroger autant son regard et son silence que ses paroles... aussi maintenant je suis soulagé.

Ceci acheva de prouver à madame de Mareil la part que Pepe Volti avait à l'inquiétude de Saint-Estève; et pour mieux donner le change à celui-ci, afin qu'il ne pût soupçonner la vérité, elle lui fit la question naturelle sur le rapport qu'il y avait entre ses craintes et Rinaldi.

—Je ne les rapporte à lui qu'incidemment, et néanmoins il y entre pour beaucoup: mais plus je vais, mieux je sens que tout ici me pèse et me contrarie; j'ai tenté de me délivrer de ce fardeau. Je vais passer chez vous, ne tardez pas à venir me rejoindre.

Ce rendez-vous donné à si bref délai et dont le motif était prévu causa à Eugénie un chagrin non moins poignant que celui que Saint-Estève ressentait; mais ployée sous le joug de ce misérable, il ne lui appartenait pas de s'en affranchir, et un signe de tête fut sa réponse affirmative. Le mauvais garnement tarda peu en effet à partir ; il prétexta une visite intéressée à faire à l'ambassadeur de Wurtemberg, et après avoir dit un mot à mademoiselle de Trencavel pour lui apprendre qu'il se flattait de se trouver près d'elle plus tôt qu'elle ne le présumait, il sortit du salon et se dirigea vers l'appartement de madame de Mareil, après avoir donné l'ordre à ses gens de s'en aller avec la voiture.

Pendant que ceci avait lieu, le chevalier de Lens, dont la vertu n'était pas la patience et d'ailleurs tout ce qu'il avait de celle-ci touchait à son terme, ne put se commander plus long-temps; vaincu par sa mauvaise humeur, il alla vers Léopold, alors très-occupé à se défendre des agaceries par trop maladroites de mademoiselle Robin, et le prenant par le bras, il l'entraîna dans l'embrasure d'une croisée.

— Parbleu, lui dit-il alors, quelle sorte de sang avez-vous dans les veines pour qu'il ne bouillonne pas de manière à déborder? Ne voyez-vous pas ce compagnon, et il montra du doigt Rinaldi ; ne le voyez-vous pas avec son audace impudente occuper l'attention de votre sœur, et s'il faut l'ajouter, l'afficher publiquement?

Léopold eut d'abord à réprimer une envie de rire qui lui survint avec violence; néanmoins il la dompta assez vite pour ne pas se faire un nouveau sujet de querelle avec l'interlocuteur, auquel il répliqua :

— En effet, il me semble que ce monsieur cause beaucoup avec Apolline.

— Il vous semble?... vraiment?... quoi! vous êtes dans le doute? Je vous répète que si vous souffrez que ceci se prolonge, votre sœur sera d'abord déshonorée et vous après.

— Bon! le croyez-vous?... des causeries de salon sont choses autorisées. Voilà, par exemple, que j'étais tout à l'heure auprès de mademoiselle Robin en intimité pareille, bien à contre-cœur sans doute, mais enfin assez pour que le public s'en formalisât, s'il le fait à l'encontre d'Apolline.

— Il importe peu au public et à moi, riposta avec aigreur le chevalier de Lens, qu'une grisette enrichie fasse les doux yeux à un homme de votre nom; mais ce qui lui paraîtra toujours extraordinaire, ce que moi-même je suis déterminé à ne pas supporter, c'est que ce commis marchand affiche mademoiselle de Trencavel.

— Soit, si telle est votre idée, répliqua Léopold, dont la froideur contrastait avec la vivacité de M. de Lens; je me garderai bien de m'opposer à votre désir : il s'agit seulement de chercher le moyen poli qui puisse vous satisfaire sans blesser l'amour-propre du seigneur Rinaldi Fontoreza : c'est un jeune homme de haut mérite, qui sera un jour à la tête d'une grande maison de commerce, et qui a droit à tous les ménagemens possibles.

La stupéfaction avec laquelle le chevalier de Lens regarda Léopold fut si plaisante, que plus qu'auparavant il eut fort à faire pour vaincre sa gaieté qui débordait malgré lui.

— Oui dà! reprit le premier, ainsi donc le vent a tourné; vous voilà le défenseur de ce jeune drôle!... d'où vous est venue cette dose de folie? n'êtes-vous plus l'homme de ce matin? Morbleu, si vos propos sont des plaisanteries, me ferez-vous connaître à quelle époque il vous conviendra de les finir ?

Léopold, reconnaissant que la colère de M. de Lens était montée si haut qu'il ne pouvait plus la contenir, craignit de l'avoir trop provoqué, et répondit :

— Je suis toujours dans les mêmes dispositions, et très-décidé à ne pas donner ma sœur, du moins sans votre consentement, à Rinaldi Fontoreza, l'élève de commerce, et à ne faire aucune attention à la recommandation inconcevable de mon cousin le prince d'Amalfi.

— Inconcevable, c'est le mot, repartit le chevalier ; jamais pièce ne m'a paru plus extraordinaire, plus insensée ! Savez-vous ce que j'ai fait ? j'ai couru chez l'ambassadeur de Naples, et la lui ai montrée.

— Eh bien ! demanda Léopold avec un sentiment au-dessus de la curiosité commune.

— Eh bien ! la pièce émane de la propre main de notre parent : l'ambassadeur m'en a fourni la preuve complète en mettant sous mes yeux plusieurs lettres autographes de votre cousin; d'ailleurs, ajouta le chevalier avec un embarras qu'il dissimula mal, son excellence m'a confirmé l'amitié extravagante qui lie le prince d'Amalfi à ce monsieur qui est là ; ce sont à l'entendre les inséparables de Naples, et seulement ce qu'il ne comprend pas, c'est que Lucio se soit séparé de Rinaldi.

—Cela s'explique, dit Léopold, en travaillant toujours à réprimer sa gaieté, par le désir que Lucio aura eu de s'attacher son ami en employant les liens du sang; il veut en faire son cousin-germain : et l'aura dans ce but envoyé à Paris ; il ne pouvait deviner la générosité de notre grand-oncle, ses nobles procédés envers ma sœur; il pensait que la pauvreté d'Apolline n'opposerait aucun obstacle à ce projet : il faut croire en outre que Lucio a un caractère très-romanesque. Voilà pourquoi Rinaldi, en arrivant, ne m'aura pas fait connaître ses rapports avec mon cousin et son autorisation singulière. Ce jeune homme rempli de présomption, ou, je le repète, de maximes de haute galanterie, se sera mis en tête de se faire aimer, avant que de se placer dans une position par le fait assez avantageuse.

— Oui, répliqua le chevalier de Lens, cette fois avec moins de véhémence, ce que vous expliquez de cette façon est plausible; quoi qu'il en soit pourtant, le caprice du prince d'Amalfi ne lui donne aucun droit sur mademoiselle de Trencavel, et certes ni vous ni moi ne la donnerons en mariage au signor Rinaldi Fontoreza.

—Et je m'y engage de nouveau ; d'ailleurs je crois convenable de ne disposer de ma sœur qu'en vertu du consentement exprès de notre oncle le prince de Montalban.

Cette déclaration, qui flattait le chevalier dans ses principes, dérida enfin son visage ; il se mit aussi à dire à Léopold :

— Voilà qui est très-bien, vous êtes un jeune homme fort respectueux et sage; mais, mon cher enfant, ne trouvez-vous pas que ce prince auquel il vous plaît de montrer tant de déférence se met peu en peine de mériter votre attachement? car enfin jusqu'ici il ne s'est occupé que de votre sœur.

— Monsieur, repartit Trencavel avec modestie, le bonheur d'Apolline est tellement le mien, que ma gratitude tout entière est acquise à mon grand-oncle. Quant à ce qui est de son oubli à mon égard, je n'y crois pas; il retarde les bienfaits personnels dont il veut me combler, et cela pour un motif que je respecte, sans me tourmenter à en avoir l'explication, et je dois approuver son plan; mais si par cas il ne songeait pas à moi, ai-je le droit de m'en plaindre? il ne me doit rien, tout ce que j'en recevrai sera un bienfait.

— Et lui, un fou, repartit avec vivacité le chevalier de Lens, s'il ne récompensait ni votre mérite ni votre fidélité à Henri V; s'il ne rendait aucune justice à la raison supérieure dont vous faites preuve dans un âge bien tendre; en tout cas, s'il vous oublie, le peu que je possède vous appartiendra.

— Monsieur, dit Léopold en saisissant les deux mains du chevalier, qu'il pressa dans les siennes, vous me comblez; mon seul regret est de vous avoir connu si tard; pourquoi ne vous êtes-vous pas rapproché plus tôt de deux orphelins qui vous auraient considéré comme leur second père ? car nous avons, je crois, l'honneur de vous appartenir.

— Oui, oui, nous sommes parens... mais, Léopold, je ne peux souffrir plus long-temps le caquetage de ce commis avec mademoiselle de Trencavel ; faites-le finir, ou moi-même je vais en prendre la peine.

— Vous voulez donc que je lui cherche querelle ? c'est.... l'ami de notre cousin.

— En effet, deux jeunes fous ne peuvent s'approcher sans péril ; ma vieillesse me donne d'autres droits, que corrobore, d'ailleurs mon titre de tuteur d'Apolline ; je vais donc en finir avec ce monsieur. Et le chevalier, sans plus réfléchir, marcha droit à Rinaldi Fontoreza, accompagné de Léopold, saisi, à en avoir peur, d'un accès de rire qu'il étouffait dans son mouchoir du mieux possible, tout en cherchant à conserver une contenance digne et en harmonie avec l'acte hostile auquel son guide allait se livrer.

Rinaldi, peu occupé en ce moment de ce que pouvait penser le second tuteur d'Apolline, continuait à se montrer empressé vers celle-ci. Il employait une amabilité peu commune, rehaussée par de la grâce et des manières à l'avenant. Rinaldi jusqu'à ce jour s'était retenu, afin peut-être de ne pas trop attirer sur lui les regards des indifférens; aujourd'hui qu'il paraissait avoir pris la résolution de braver la colère ou la jalousie de ceux qui allaient devenir ses ennemis, il paraissait dans son caractère naturel, et on peut dire avec avantage. Apolline ne trouvait que trop de plaisir à l'écouter : il est vrai que de temps en temps une pensée importune la tourmentait, en lui rappelant l'état réel des choses et les obstacles contre lesquels iraient se briser son amour et celui de Rinaldi. Cependant un cas particulier l'intriguait; il se rapportait à l'explication qui avait dû être la suite nécessaire de la lettre surprise et saisie par Léopold. Apolline d'abord en avait éprouvé une forte terreur, mais qui s'était dissipée; car l'intelligence actuelle des deux jeunes gens ne lui échappait pas. D'où provenait-elle? Rinaldi, à qui elle en demanda l'explication, répondit par des plaisanteries, prétendant qu'ayant été sur le terrain avec Léopold, il aurait tué celui-ci d'un coup d'épée, et que le trépassé pour obtenir son retour à la vie s'était engagé à ne plus mettre obstacle à l'amour réciproque d'Apolline et de Rinaldi.

Ce conte finissait à peine, lorsque le chevalier de Lens survint; en trouble-fête, il s'installa gravement en face du couple heureux, ayant par derrière lui Léopold qui faisait des signes à Rinaldi; et le vieux gentilhomme, voyant que son aspect, loin de pétrifier le commis audacieux, le laissait dans sa tranquillité parfaite, se détermina à l'attaquer directement.

— Signor, dit-il, je suis fâché de vous retirer d'un état de jubilation très-agréable; mais j'ai à vous parler, si toutefois mademoiselle de Trencavel consent à vous céder à moi.

Apolline, frappée de ce coup qu'elle n'attendait pas, et voyant l'orage fondre soudainement, baissa la tête, rougit, et ne sut que répondre. Rinaldi, au contraire, se leva avec aisance, et, le sourire sur les lèvres, répondit qu'une conversation avec le chevalier de Lens lui plairait toujours, pourvu que le service des dames n'eût pas trop à en souffrir.

— Pas plus que celui du comptoir, riposta le chevalier, charmé de trouver l'occasion de lancer ce qu'il crut une malice. Rinaldi répondit :

— Oui, monsieur, le matin aux affaires de la boutique, et le soir aux genoux de la beauté.

Ce propos fit grimacer le chevalier de Lens, qui, dans sa vieille manière de voir, n'admettait pas la possibilité qu'un commis pût s'aviser de faire le paladin en fait de galanterie. Il marcha devant Rinaldi toujours accompagné de Léopold, et tous les trois arrivèrent à la même place d'où naguère le chevalier était parti ; quand ils y furent, ce dernier, se retournant vers le Napolitain :

— Signor, lui dit-il, les sentimens de la famille Trencavel ne sont point en rapport avec les vôtres. Je dois, en qualité d'administrateur des biens de mademoiselle Apolline, et en vertu d'autres droits que j'établirai au besoin, vous signifier que vos assiduités auprès de ma pupille sont inutiles; que jamais vous ne serez son époux. Je suis fâché d'être obligé de vous parler avec autant de rigueur ; mais à qui la faute? à votre imprudence. Veuillez y mettre un terme, et fournir la preuve que vous méritez l'estime des gens d'honneur.

— Voilà, répondit Rinaldi d'un ton calme fort extraordinaire et qui contrasta bizarrement avec ce qu'il ajouta, voilà une décision bien faite pour porter le désespoir au fond de mon cœur; vous le torturez cruellement et à plaisir, monsieur le chevalier : j'aurais eu tant de joie d'obtenir votre aveu, et de vous devoir la main de mademoiselle de Trencavel !

— C'est une satisfaction que je ne vous procurerai pas.

— Nous sommes pourtant à une époque d'égalité où le commerce et l'industrie prennent le rang qui leur est dû, où les avocats deviennent une puissance respectable, où la noblesse doit les admettre au partage des honneurs.

Traiter un texte pareil, c'était mettre le chevalier de Lens à une espèce de gêne qu'il manifestait par son impatience et la mauvaise humeur dont son visage se couvrait ; il ne pouvait se faire à la circonstance, et convenir avec lui-même de la nécessité d'obéir à l'expression du siècle ; aussi riposta-t-il avec amertume :

— Tout cela, monsieur, est bel et bon ; mais si les gens dont vous parlez trouvent leur avantage dans une révolution déplorable, ce n'est pas une nécessité pour moi d'y déférer : je tiens peu à donner le branle, à être des premiers à opérer la fusion tant souhaitée par les doctrinaires. Je veux que ma famille se maintienne à son rang, et elle en sortirait par une alliance avec votre raison de commerce.

— Ainsi donc, monsieur le chevalier, je dois perdre tout espoir d'obtenir de vous mademoiselle de Trencavel?

— Oui, monsieur ; ma détermination ne faiblira pas.

— En vérité, c'est désagréable : je n'ai donc plus qu'à mourir !

Et ceci fut dit le plus froidement possible.

—Quoi! poursuivit Rinaldi, mon désespoir véhément ne vous touchera pas ?

— Monsieur , vous avez entendu mon dernier mot, j'ai l'honneur de vous saluer.

—Attendez un instant, monsieur, dit Rinaldi, en retenant par son habit le chevalier de Lens qui se retirait ; il me reste à obtenir une grâce que vous ne me refuserez pas, peut-être, car elle est si simple !....

—Veuillez vous expliquer, repartit le chevalier, qui, par crainte de surprise, ne voulait prendre à l'avance aucun engagement.

— Ce sera, en qualité de tuteur et de parent, de signer mon contrat de mariage avec mademoiselle de Trencavel.

Cela dit, Rinaldi salua profondément le chevalier de Lens confondu , agit avec la même politesse envers Léopold, qui, ne pouvant plus se vaincre, se jeta en arrière et se couvrit le visage de ses mains, et lui Rinaldi sortit du salon d'un pas mesuré.

Le vieux gentilhomme, stupéfait d'un telle

réplique, anéanti par l'aplomb du napolitain, demeura long-temps immobile et comme pétrifié, à tel point ces paroles lui semblaient étranges : oh! pour cette fois ce qu'il regretta le plus de l'ancien régime ce furent les lettres de cachet et la Bastille ; mais puis, songeant à ce qui se passe, il espéra dans l'avenir, et cette pensée fut toute sa consolation.

CHAPITRE XXXVII.

Le premier supplice des vicieux est la nécessité où ils sont de vivre ensemble.

Morale des Orientaux.

Le Châtiment.

Vers le milieu de ce colloque plaisant, madame de Mareil était partie avant l'heure accoutumée où elle se retirait; mais un travail forcé réclamait sa présence. Un roman sollicité par un libraire à la mode devait être livré sous peu de jours, et il fallait le terminer. Ce prétexte ne put être contredit ; ses amis la laissèrent se retirer, et elle courut rejoindre Saint-Estève, par qui elle se savait attendue avec impatience. Il vint au-devant de sa complice ; et en la voyant :

— Que les instans de l'attente sont affreux ! j'étais à cette pendule à voir s'écouler les minutes, et j'avais de la peine à ne pas les prendre pour des heures ; chaque seconde a pour moi une importance....

Il s'arrêta, et madame de Mareil, qui, à mesure qu'elle voyait le dénouement s'approcher, se plaisait par calcul à se montrer plus prévenante et affectueuse, demanda à Saint-Estève avec tous les dehors d'une sensibilité exquise, et le conjura de lui révéler tout ce qui l'inquiétait.

— Je le veux bien, repartit Saint-Estève ; mais avant tout il faut, ma vertueuse compagne, me remettre le travail manuscrit que je t'ai demandé ; il me devient de plus en plus utile, et j'ai d'ailleurs mes raisons particulières, que tu dois apprécier pour être nanti, avant toute confidence, de ce gage assuré de ta discrétion.

— Toujours des soupçons injustes !

— La prudence est la mère de la sûreté, et entre gens comme nous il est bon que celle-ci soit complète.

Le reproche atteignit au cœur de cette femme égarée; il en tomba des larmes qui remplirent ses yeux. Saint-Estève les ayant vues, se mit à dire avec moins d'amertume :

— Pourquoi t'es-tu avisée de sortir de la ligne droite, et de cheminer dans cette ligne tortueuse où nous nous sommes rencontrés? Il me semble, chère Eugénie, que ta tête est plus coupable que ton ame; tu as suivi tes passions en insensée : à ta place, je reculerais du but où doivent aboutir nos intrigues, et tâcherais de devenir femme d'honneur, si cela se peut encore.

— C'est une morale que je n'attendais pas de ta bouche, repartit madame de Mareil, dont à son tour la méfiance s'éveilla, et dont le propos fut la conséquence de ce qu'elle venait d'entendre. Pour suivre cet avis, il faudrait renoncer à toi : cela me serait-il possible?

— Je te parlais franchement, répliqua Saint-Estève avec un tel accent de mépris qu'il étouffa un soupir que madame de Mareil préparait en accompagnement de sa phrase sentimentale, et tu t'avises de jouer la comédie? j'avais pitié de toi, et tu aspires à me tromper? Prends-y garde, c'est un rôle dangereux vis-à-vis de moi; je te conseille de ne pas t'en servir.

Madame de Mareil se tut, elle était devinée. Saint-Estève ensuite réclama avec une nouvelle instance le document accompagné du plan qu'elle devait lui fournir pour faciliter son entrée dans l'appartement d'abord, et ensuite dans la chambre de mademoiselle de Trencavel; elle alla le chercher au fond d'une armoire où il était caché avec soin depuis qu'elle l'avait écrit. Le marquis prétendu s'approcha de la lampe, et se mit à étudier avec une attention réfléchie la disposition du local. Il vit que de la cour, par le petit escalier, on montait à un corridor où l'on trouvait à droite deux portes: la première était celle du cabinet d'Apolline; la seconde celle de la chambre d'un domestique du sexe féminin. Une fois dans le cabinet, on pouvait arriver jusqu'à mademoiselle de Trencavel et n'avoir à ouvrir qu'une seule porte, qui peut-être ne serait pas fermée. La note décrivait la place de chaque objet : tables, fauteuils, chaises, meubles, etc.

Madame de Mareil, pendant que Saint-Estève méditait sur ce qu'il appelait avec effronterie sa tentative amoureuse, debout auprès de lui, éprouvait un effroi naturel en songeant à tout ce qu'aurait de fâcheux pour elle-même cette entreprise criminelle. Les soupçons ne l'atteindraient-ils pas? Un seul espoir lui restait, celui de pouvoir prévenir un tel acte par quelque moyen prudent, se flattant que Saint-Estève en retarderait l'accomplissement à un ou deux jours; mais que devint-elle lorsque, se levant, il dit :

— Allons, le dez en est jeté, plus de délai; je suis sur un volcan, il faut que j'en échappe; oui : cette nuit même je marche à l'attaque; et que l'enfer, en dédommagement du dernier tour qu'il m'a joué, m'aide; il le doit.

—Quoi! cette nuit! dit d'une voix étouffée Eugénie, que ce coup accabla.

— Oui; tout retard peut m'écraser. Je suis en présence d'un drôle qui ne me sera jamais assez suspect.

Et à la suite Saint Estève raconta comment, à Naples, il avait pris part à une foule de forfaits qui finirent par le conduire à un châtiment suprême; comment, après s'en être échappé, il s'était caché parmi les Lazzaroni, et avait soutiré à Pepe Volti sa bourse et presque soufflé sa maîtresse; comment cet incident de sa vie, que certes il avait oublié, l'avait mis ce jour même en présence de ce misérable Italien. Saint-Estève termina par le récit de la conversation dont madame de Mareil avait vu la pantomime. Il conclut de tout cela que bien qu'il eût désintéressé Volti, il lui paraissait croyable que cet homme parlerait de lui à son maître ; qu'il lui désignerait cet homme non comme le marquis de Saint-Estève, puisqu'il ne lui connaissait pas ce titre, mais toujours comme un personnage très-dangereux. Rinaldi en préviendrait les Morase ;

on irait aux informations, et la vérité tarderait peu à être connue. Il fallait donc prévenir ces divers cas et déserter avant qu'on appelât sur lui l'attention de la justice. Il ne voulait prendre ce parti qu'après avoir fait une visite intéressée à Apolline. Il savait que le chevalier de Lens avait remis à sa pupille une somme très-forte pour ses besoins journaliers et ses aumônes.

Madame de Mareil l'écoutait avec une attention morne et un accablement non moins douloureux. Elle se voyait perdue par l'éclat qui s'ensuivrait. On saurait que Saint-Estève avait passé avec elle une partie de la nuit, et il en résulterait la conjecture de sa complicité. Elle lui montra toutes ses appréhensions, le suppliant de la ménager, de ne pas achever de la perdre; mais lui ne fit qu'en rire.

— Ce qui peut t'arriver de pis, c'est que tu passes pour avoir été trompée par moi. Je te laisse le droit de m'accuser, de crier contre ma scélératesse. Quoi qu'il en soit d'ailleurs, ma toute belle, le vin est tiré, il faut le boire, et mon usage est de m'embarrasser peu de ce que je laisse après moi. Admire ma prudence. Si je n'étais pas nanti de cet écrit précieux, je serais en ton pouvoir, au lieu que tu es au mien. Souviens-toi, lorsque tu voudras dominer tes amis, de ne leur fournir aucun lien dont ils puissent t'enchaîner toi-même.

Cet avis arrivait tard. Madame de Mareil, de plus en plus épouvantée, tomba aux genoux de cet homme sans pitié, qui lui dit :

— Tu as voulu vivre selon ta fantaisie; tu en vois le résultat; il ne nous appartient pas de tracer impérieusement la part qu'il nous convient de prendre dans le vice. Dès que l'on a fait un pas vers lui, on se trouve lancé sur la pente glissante qui entraîne au fond de l'abîme. Tu as maintenant non du remords, mais de la peur; tu crains pour toi, et si tu pouvais séparer ta cause de la mienne, avec quel plaisir tu me laisserais tomber !

Il y avait tant de vérité dans ces paroles amères, que celle qui les entendit ne se trouva pas l'audace nécessaire pour les rétorquer; abattue sous le coup provoqué par ses propres intrigues, compagne d'un exécrable mauvais sujet, sa complice enfin, il lui fallait boire jusqu'à la lie le calice qu'elle avait préparé avec soin. Des pleurs coulèrent en abondance de ses yeux éteints.

— Sais-tu, dit Saint-Estève en ricanant, que tu es par trop maussade envers ceux qui ont l'honneur de te faire leur cour; ne peux-tu me présenter que cette mine refrognée? Allons, sois gaie, aimable comme tu étais ce premier jour.... Ma foi, nous faisions un beau couple, il y a cinq ans, pas davantage. Oh! comme le temps passe, même aux galères napolitaines, et que nous sommes l'un et l'autre changés!

Saint-Estève parlait à haute voix. Madame de Mareil le conjura de baisser le ton pour n'être pas entendu. Il est vrai que par la disposition qu'elle avait donnée à l'avance à l'appartement, sa soubrette logeait assez loin de sa chambre, et ce même soir elle s'était, par son ordre, couchée de bonne heure; elle était d'ailleurs accoutumée à la liaison intime qui existait entre madame de Mareil et le marquis de Saint-Estève.

Ce dernier comprit en effet qu'un acte d'imprudence n'aiderait pas à l'accomplissement de son projet. Il se tint plus tranquille et bientôt après se mit à compter le nombre des personnes qui devaient être encore dans le salon des Morase et qui en partaient successivement. A mesure que quelqu'un se retirait, il éprouvait de la joie. Vers minuit la société s'était toute séparée. Il ne restait plus dans la maison que ses habitans.

Saint-Estève questionna minutieusement Eugénie pour apprendre à quelle heure Apolline se couchait, à quelle autre gens et maîtres, faisaient comme elle. Il fallut que cette femme accablée répondît avec détail, qu'elle apportât son attention sur un point qui l'épouvantait, plus le moment fatal s'approchait; Saint-Estève, au contraire, conservait son impassibilité ordinaire.

— N'as-tu pas ici du vin, demanda-t-il, quelques débris de table? mon appétit se réveille. Je tiendrais d'ailleurs à faire un dernier et tendre repas avec toi; oui, nous trinquerions ensemble, nous dirions des folies, nous en ferions même, car tu es toujours charmante et je ne cesse pas de t'aimer.

Eugénie frémissait; ces paroles contrastaient péniblement avec l'acte odieux qui les suivrait. Saint-Estève, accoutumé à passer de la débauche au crime, ne pouvait même se livrer à l'un sans le faire accompagner de l'autre, et ce soir-là il trouvait très-piquant surtout d'appeler le plaisir et l'ivresse en témoins de son forfait prochain.

Madame de Mareil répondit que ce qu'il souhaitait devenait impossible : elle ne pourrait entrer dans la salle à manger sans réveiller la camériste, couchée tout auprès; que cette fille alors voudrait servir, se lèverait, et par sa présence compromettrait peut-être le plan à accomplir. C'était une défaite. Eugénie craignait que Saint-Estève, à moitié ivre, ne multipliât les chances fatales de son entreprise, et par-là ne la compromît elle personnellement encore plus.

Il fallut se rendre à cette raison et continuer une conversation pénible, tombant sans cesse, lente, remplie de fatigue, et ne distrayant aucun des interlocuteurs. Qui, dans le cours de sa vie, et lorsque l'ame est fortement préoccupée de manière ou d'autre, n'a pas pris sa part de ce supplice véritable, n'a souffert les angoisses d'une pareille position? Le sommeil parfois s'emparait de Saint-Estève ; il ne put fermer les paupières de madame de Mareil ; alors elle retenait son haleine, et adressait à cette providence, dont en d'autres occasions elle niait le pouvoir, de vives supplications pour que la somnolence de son compagnon devînt complète, et le contraignît à ne se réveiller que le lendemain au jour naissant. L'espérance qu'elle en eut tarda peu à se dissiper : lorsque trois heures sonnèrent à la pendule, Saint-Estève se leva subitement, ouvrit les yeux, et se mit à dire :

— J'entends le signal de l'attaque ; tout doit dormir ici, hormis nous et les esprits nocturnes ; ceux-ci sont mes camarades ordinaires, je ne les redoute pas. Adieu, Eugénie, je vais à l'ouvrage ; si tu m'en crois, tu vas te déshabiller, te mettre au lit, et chercher dans les bras de Morphée un repos doux et réparateur.

Un éclat de rire étouffé accompagna cette phrase : Saint-Estève essaya de déguiser sous une jovialité menteuse, le désespoir intérieur qui le dévorait avec tant de force, mais sa gaieté n'eut pas en écho celle de madame de Mareil; elle ressentait les premières attaques d'un état de spasme qui ne tarderait pas à s'emparer de tout son être. Sa tête s'égarait, et néanmoins elle entendit le conseil qu'on lui donnait : persuadée qu'il était bon, et cédant d'ailleurs à son état présent de douleur morale et physique, elle quitta ses vêtemens, tandis que Saint-Estève se disposait à sortir pour aller vers la portion de l'hôtel où il espérait surprendre l'innocente Apolline.

Une pluie abondante tombait à grand bruit, poussée avec une violence extrême par le souffle d'un vent impétueux. Le tumulte des élémens était favorable aux entreprises criminelles; Saint-Estève s'en applaudit : il laissa sa complice effrayée terminer sa toilette de nuit, et lorsqu'il la vit couchée, il se dirigea vers la cour. Ce misérable ne savait pas trop ce qu'il allait tenter, quel forfait il commettrait le premier ; une impulsion irrésistible le poussait à malfaire : il y avait des momens où il s'imaginait que la suite de tout ceci deviendrait un mariage forcé avec la riche héritière, puis il se réjouissait à la pensée qu'elle vivrait déshonorée, et déjà il dépensait en folies multipliées la somme qu'il s'attendait à trouver.

Dans chaque appartement de la maison Morase il y avait un escalier de service à la décharge de l'escalier d'honneur. St-Estève en trouva donc un au fond d'un corridor qui aboutissait à la chambre d'Eugénie ; il le descendit, muni d'une lanterne sourde dont la lumière était entièrement cachée, et qu'il ne découvrirait qu'à propos ; il marchait pieds nuds, ayant ses souliers dans la poche, et s'en alla ainsi jusqu'à la cour ; il dut se chausser pour la traverser, à tel point elle était inondée : des torrens s'épanchaient du ciel, et les rugissemens de l'orage augmentaient de vivacité au lieu de diminuer.

Saint-Estève s'arrêta, ne vit aucun objet propre à l'intimider, n'aperçut aucune lumière suspecte... Il avança lentement, traversa la cour en ligne directe ; il savait que l'on ne fermait jamais la porte d'en bas de l'escalier par où l'on allait à l'appartement d'Apolline, il s'en approcha... Le vent avait fait sans doute ce que la précaution oubliait chaque soir... Le mauvais sujet se mit à blasphémer avec une rage insensée, et il sortit de sa poche un instrument de fer à l'aide duquel sa main nerveuse enleva la porte de ses gonds, et le battant s'ébranla prêt à tomber si Saint-Estève ne l'avait retenu.

Ce premier obstacle surmonté, les autres ne devaient présenter aucune résistance majeure, et le bandit se crut au bout de son œuvre ; il appuya la porte contre la muraille et posa son pied sur le seuil de l'entrée... Au même instant, une main vigoureuse, une main dont le contact de fer se rappela confusément à son souvenir, le saisit par le poignet, et un homme s'élançant l'entraîna vivement dans la cour. Si Saint-Estève n'eût pas tenu la lanterne du côté où on le laissait libre, il aurait frappé d'un stylet qu'il portait avec lui cet importun qui l'arrêtait si mal à propos ; mais surpris au dépourvu, ne sachant à qui il avait affaire, ni si c'était un surveillant ou un homme de sa sorte, il se laissa conduire auprès de la veilleuse suspendue sous le péristyle d'entrée, et là, lui et l'assaillant se reconnurent : c'était Pepe Volti.

— Ah! *Maladetta*, dit celui-ci à voix basse ; es-tu dans cette maison pour la dévaliser, ou pour une seconde fois essayer de me perdre d'honneur? brigand maladroit, tu me rendras bon compte de ta course pendant le temps qu'il fait.

Saint-Estève, confondu par cette rencontre fatale, persuadé que Volti ne lui pardonnerait ni une rivalité ni une mauvaise action, garda d'abord un silence de honte et de désespoir. Il perdait son avenir, il ne pourrait échapper qu'au moyen d'une lutte violente, et les cris que pousserait le Napolitain lui amèneraient un secours qui deviendrait funeste à son adversaire. Que résoudre? il fallait parler néanmoins, car Pepe, en digne lazzare, avait déjà sorti une arme de sa poche, si bien effilée, si aiguë, et il l'appuyait sur la poitrine de Saint-Estève, de manière à le frapper à mort au premier mouvement hostile qu'il ferait. S'avouer voleur ne se pouvait guère; se dire amoureux n'était pas sans péril, puisque Volti venait d'annoncer que, lui aussi, avait une maîtresse dans cette maison; se taire plus long-temps ne se pouvait plus, et Saint-Estève, reculant à l'aveu de ses intentions positives, se flatta de parvenir à tromper Volti, et peut-être à tirer parti de cette mésaventure.

— Parbleu, dit-il, nous sommes destinés à nous retrouver souvent ensemble, et, estimable lazzare, on peut croire que le ciel veut que nous soyons unis désormais.

— *La somma* (le Vésuve) ira rendre visite aux gouffres de l'Adriatique avant que je consente à frayer en bon camarade avec toi. Mais, *traditore*, ce n'est pas là m'expliquer ta présence ici, à cette heure; sois franc, ou tu feras connaissance plus intime avec ce bon petit Napolitain.

Et Volti enfonça doucement son stylet à travers les vêtemens de son adversaire, de telle sorte que celui-ci en sentit la pointe aiguë parvenir jusqu'à sa chair. Le moindre mouvement de la part de Saint-Estève eût été pris pour une déclaration de guerre, et, avant qu'il eût pu se défendre, un coup mortel lui serait porté ; il n'essaya donc aucune résistance.

— Le cœur à Paris joue un grand rôle dans les affaires de la vie, et le mien a une douce occupation dans ce logis.

— Et c'est par cet escalier que tu allais joindre ta Zitella ? dit Volti d'une voix rude.

— Je... je me trompais peut-être, repartit Saint-Estève, qui retomba dans sa première incertitude, motivée par l'expression farouche que Pepe Volti avait mise à ses paroles : cette diable de nuit est si noire et le temps si mauvais qu'on peut bien ne savoir où l'on va.

— Et dans tes expéditions amoureuses tu as avec toi des instrumens pour soulever les portes ; c'est une précaution peu commune? et tu t'adresses au hasard à la première porte venue. Sois plus adroit, tremble si tu veux me mentir !

— Quoi qu'il en soit, repartit Saint-Estève, il est certain que j'avais à parler à une personne qui sera fâchée de ne pas me voir.

— Son nom? demanda Pepe avec impatience.

— Je suis discret.

— Parle! ou c'en est fait de toi.

Et la pointe du stylet traversa un peu plus profondément la chair de Saint-Estève, qui tressaillit.

— Assassin! auras-tu le courage de tuer... un camarade?

— Ah! tu avoues enfin ta course à Naples... mais, misérable que tu es, n'espère pas me faire prendre le change! je n'ai été ni ne veux être ton ami. La place où nous sommes n'est pas favorable pour continuer cette explication, tu vas me suivre; mais prends garde à ne pas broncher, car au moindre geste qui me déplaise tu mourras sans compassion: auparavant, pourtant, répare le dommage que tu as causé ici, replace cette porte sur ses gonds; allons, dépêche-toi! ou...

Saint-Estève ne se le fit pas répéter une

autre fois, et pendant que Volti tenait son arme prête à le percer, il obéit, et grâce à son adresse le battant arraché joua de nouveau. Cela fait, Volti resaisissit son ennemi, et toujours en le menaçant de son arme offensive le conduisit vers la loge du concierge, devant laquelle il le fit passer rapidement. Volti heurta deux coups légers, et de l'intérieur de la chambre une voix demanda :

— Est-ce toi, Volti ?

— C'est moi, bon Walter, qui me retire; fais jouer le cordon, et je te récompenserai demain.

— Ta belle est-elle contente ?

— Paix ! bavard.

— Adieu ! que ton ange t'accompagne.

— C'est plutôt le diable qui est avec moi, murmura Volti pendant que le concierge, suisse dans la force du terme et ami secret du Napolitain, remplissait sa fonction. Celui-ci et Saint-Estève sortirent, et, dès qu'ils furent dans la rue, Volti partit d'un pas rapide, et se dirigea vers les arcades de la place Royale; car le déluge qui tombait sur

Paris ne paraissait pas près de finir. Saint-Estève, qu'il tenait toujours captif, lui demanda la liberté en vrai suppliant.

— Oh, oh! répliqua Volti, es-tu si pressé de te séparer de ton ami? *per santa Rosalia*, je ne pense pas de même, et d'ailleurs il faut que j'aie le cœur nèt de ta visite à l'endroit où je t'ai rencontré; allons, dépêche-toi vite de t'expliquer, car du poste de la mairie, qui est là vis-à-vis de nous, une patrouille peut sortir, nous ramasser, et si tu étais une fois saisi, penses-tu qu'il te serait facile de recouvrer ta liberté?.. Allons, fais ce que je te dis : deux femmes habitent au haut de l'escalier, mademoiselle de Trencavel et Annette, sa camérière, jolie fille; vois laquelle des deux tu veux déshonorer.

Saint-Estève hésita dans ce choix; mais enfin, se flattant qu'Apolline ne pouvait avoir donné un rendez-vous d'amour à un domestique, il se hasarda méchamment à la perdre de réputation dans l'espérance de lui nuire; car il était impossible que Pepe ne répétât à son maître ce qu'il aurait appris à ce sujet ; en conséquence, se donnant du courage, dont il avait besoin en présence d'un péril réel :

— Je suis trop plein de respect, dit-il, envers les soubrettes françaises pour oser chercher à les troubler dans l'exercice de leur vertu ; mais les demoiselles en revanche ont des droits à mes hommages que je ne leur dénie pas.

— Et c'est à mademoiselle de Trencavel que tu t'adresses !

— J'avais à causer avec elle d'un point important touchant notre prochain mariage, et je venais pour cela.

— En vérité !

— Oui, vrai comme je suis un honnête homme.

— Tu mens donc, puisque tu es un vil coquin!

— Oh ! Volti!

— Tu mens, scélérat ! et j'ai tenu à savoir jusqu'où tu pousserais l'infamie. Non, tu n'allais pas vers cette *nobile donna* de son consentement, tu avais l'indigne pensée de la voler, de faire pis encore! je sais tout.

— Tout, répéta Saint-Estève consterné.

— Oui, car j'ai entendu la meilleure partie de ta conversation avec la friponne qui tesert de complice. Tu viens de donner dans le piége que je t'avais tendu; ce n'est pas d'Annette que je suis amoureux, mais bien de la *camérière* de madame de Mareil. J'étais caché dans le corridor auprès de la chambre de celle-ci, lorsque tu es venu tantôt m'empêcher de rejoindre ma *cara bella*; j'espérais que tu partirais, enfin tu n'en as rien fait, et je suis demeuré là: ta complice t'a rejoint; vous ne me soupçonniez pas si proche, et je n'ai pas perdu un mot de tout ce que vous avez dit. Alors je me suis juré de sauver la maîtresse du signor Rinaldi; je t'ai devancé, j'ai été me placer sur l'escalier par où tu devais monter, et là je comptais te payer tous tes crimes avec un coup de mon joli stylet: le vent a fermé la porte, tu l'as ouverte : le reste t'est connu.

— Et dix mille francs paieront ton silence,

ta pitié, dit douloureusement Saint-Estève.

— Il faut que justice soit faite! répondit Volti; et puisque tu joins la calomnie au vol et à tes autres crimes, le coup qui te frappera me sera compté en balance de mes péchés.

Et ces derniers mots n'étaient pas terminés que le stylet de Volti avait transpercé le cœur de Saint-Estève : Ce malheureux n'avait pu parer le coup; il tomba sans pousser un cri, à tel point sa mort fut prompte; et Volti s'éloigna d'un pas ferme, et en Napolitain accoutumé à de pareils actes.

Un mystère profond enveloppa ce meurtre, dont l'auteur ne fut jamais connu. Le cadavre de Saint-Estève, aperçu au point du jour et transporté à la Morgue, éveilla accidentellement l'action de la police; elle apprit la longue série des méfaits du décédé: on trouva sur lui des instrumens de vol, et surtout l'itinéraire tracé par la main de madame de Mareil. Cette pièce donna lieu à des recherches nombreuses et investigatrices, sans néanmoins amener aucun résultat judiciaire. La coupable ne se décela pas; mais, instruite de la mort de Saint-Estève, et craignant d'être compromise, elle sortit de Paris et passa en Angleterre, où elle fait des romans, et court après les aventures. Celles-ci ne lui manquent pas, et plus tard on les publiera extraites de son manuscrit original.

CHAPITRE XXXVIII.

Sæpè creat molles aspera spina rosas.

Du milieu des épines on voit naître les roses.

OVIDE.

L'Heureuse Tromperie.

Ce ne fut pas tout de suite que l'on eut connaissance chez les Morase de la catastrophe qui avait terminé les jours de Saint-Estève ; plusieurs jours s'écoulèrent pendant lesquels son sort demeura ignoré. On sut alors combien était fabuleux ce qu'il débitait sur son origine illustre ; il parut même prouvé qu'à la suite de l'assassinat du fils naturel d'un souverain d'Allemagne, il avait pris le nom et les papiers de la victime.

Madame de Mareil de son côté passa dans une angoisse inexprimable les heures qui s'étaient écoulées depuis le moment où Saint-Estève était parti pour son expédition jusqu'à celui où elle revit Apolline pure et tranquille. L'intrigante à chaque seconde croyait entendre des cris d'épouvante ou de désespoir, et lorsque le bruit de la porte principale parvint jusqu'à elle, lorsque Volti la referma sur lui, elle respira avec moins d'oppression sans pour cela devenir plus tranquille. J'ai raconté le reste, je ne m'occuperai plus de cette femme sans vertu et sans pudeur.

Apolline, ignorant à quel péril elle avait été exposée, se leva ce jour-là plus tôt qu'elle ne le faisait ordinairement; elle avait peu dormi, néanmoins toute son ame, agitée du plaisir goûté à la soirée de la veille, avait éprouvé une douce jouissance à se les rappeler, il lui semblait que Rinaldi, d'intelligence avec

Léopold, parviendrait au but qu'il poursuivait avec tant d'insistance, et elle se demandait avec honte pourquoi un simple marchand parlait si haut à son cœur? L'amour agissait en cette circonstance: l'amour, dont le caprice aime à confondre les rangs, à déplacer les hommes et à réunir ce que les préjugés divisent.

Apolline rêvait dans sa chambre, lorsque madame Doussel y entra; elle portait sur son visage quelque chose de solennel et d'inaccoutumé dont mademoiselle de Trencavel demeura frappée. Elle reçut de la veuve une révérence profonde, un tendre baiser sur chaque joue, et puis des complimens qui ne finissaient point; ils paraissaient devoir servir de préliminaire à quelque proposition majeure; car la bonne dame manquait d'art dans son manége obséquieux. Enfin, et après une foule de circonlocutions verbales:

— Vous savez, dit-elle, combien vous m'êtes chère; vous ne pouvez pas avoir oublié, ma chère belle, les preuves que je vous en ai données, moi, non-seulement, mais encore tous les miens. Astasie, qui vous a toujours regardée comme sa sœur véritable, et traitée en conséquence ; mon frère honnête homme, loyal, sincère, qui a fait de vous non sa seconde, mais sa première fille, et Urbain, ce pauvre garçon, votre très-humble serviteur depuis son enfance, et qui, dès l'âge de raison, a perpétuellement aspiré à un titre encore plus doux. La passion dont vous êtes l'objet a éclaté il y a long-temps ; tout Paris en a parlé, il n'est personne qui n'admire la constance d'Urbain... Pourquoi me regardez-vous avec ces grands yeux étonnés ? auriez-vous eu le malheur de ne pas voir ce qui était si visible ?

— En effet, repartit Apolline en souriant, j'ai connu à Urbain une passion perpétuée, celle du jeu de la Bourse ; mais quant à ce qui me concerne, je n'y ai fait attention que depuis peu de jours.

—Mieux vaut tard que jamais, dit la veuve, comme si ce proverbe eût été une loi irrécusable appliquée à la circonstance ; l'essentiel est que vous rendiez justice à ce pauvre garçon ; certes, il en est digne par ses qualités majeures, par sa générosité, son indépendance, son désintéressement : vous faites bien de reconnaître son mérite, et vous serez louée de tous, lorsque vous le récompenserez. Il faut, mon enfant, vous prononcer vite : la chose presse; il vient par volée des gens avides, avares, malicieux, qui tous veulent vous épouser, c'est-à-dire être investis de vos superbes rentes. On est si adorateur de l'or à l'époque présente ! Urbain seul ne demande que vous.

— Cela sera d'autant plus facile à démontrer, dit Apolline, que comme mon intention irrévocable est d'abandonner ma fortune entière à mon frère, le mépris d'Urbain pour les richesses en éclatera mieux.

Madame Doussel, trop peu spirituelle pour saisir l'ironie de cette réponse, ne vit que le fait énoncé ; son front s'en assombrit, elle frappa des mains, et tandis que sa bouche faisait une grimace :

— J'espère, dit-elle, que vous ne serez pas insensée au point de vous dépouiller pour un étranger.

— Un étranger, mon frère !

— Et votre mari ne doit-il point passer avant? Vos six cent mille francs de rente!!! Urbain n'en aurait rien; vous ne voudrez pas lui donner un crève-cœur pareil.

— Il n'y a pas de milieu, répliqua Apolline, charmée de tourner en plaisanterie la mission grave dont madame Doussel s'était chargée, qui veut m'avoir doit renoncer à ma fortune.

— La belle idée, la sotte résolution! Et qui vous prendra sans votre dot? Sera-ce pour vos beaux yeux? Cette sorte de mariage est passée de mode; on est plus raisonnable aujourd'hui. Au reste, je vois que vous badinez... Votre oncle m'a chargée de m'entendre avec vous du jour où vous voulez que la noce se fasse, il faut que vous annonciez hautement votre préférence pour votre cousin, sans cela mon frère sera très-embarrassé. Il a reçu déjà onze demandes en mariage pour vous, et chacun des prétendans lui a offert un profit honnête; mais mon frère a de la probité, il ne peut consentir à vous vendre ; il trouve plus honorable de vous donner à son fils.

Apolline, riant de ces formes diverses sous lesquelles un intérêt sordide se dissimulait mal, se maintint avec ténacité dans le genre de défense qu'elle avait adopté. La stupéfaction de la veuve était comique, et la naïveté avec laquelle elle avouait que l'amour de son neveu serait toujours subordonné au plus ou moins d'importance de la dot, amusa singulièrement l'amante si ardemment aimée. Les instances de madame Doussel pour obtenir une réponse plus satisfaisante ne furent couronnées d'aucun succès.

— Vous serez cause d'un grand malheur, dit-elle sérieusement.

— Duquel ? demanda Apolline.

— Croyez bien que mon neveu ne survivra pas à vos refus.

— Je peux être sa femme.

— Vous le pousserez à un acte de désespoir.

— Mais, s'il mépouse, ne sera-t-il pas au comble de ses vœux ?

— Et comment vous épousera-t-il avec votre conduite déraisonnable, lorsque vous voulez venir à lui en pauvresse, en mendiante véritable? non, mademoiselle, vous ne pouvez lui faire cet affront ni lui causer ce chagrin.

Ce fut un cercle vicieux dont la veuve ne sortit pas. Il fallait à Urbain mademoiselle de Trencavel tout entière, c'est-à-dire ses biens avec sa personne; et encore il était facile de s'apercevoir que si les premiers lui venaient sans la seconde, il ne parlerait plus de son malheur et surtout ne se tuerait pas: mais l'éloquence intéressée de la messagère d'un si digne amour échoua contre l'opiniâtreté d'Apolline.

— Je vois ce que c'est, dit la dame irritée en perdant tout espoir, vous voulez faire un mariage à votre fantaisie, épouser le premier venu, un étranger; mais la chose ne se passera pas ainsi, mon frère est trop délicat pour souffrir que des gens avides s'emparent de vous; il est le seul de vos tuteurs que la loi reconnaisse, et il s'opposera à tout mariage jusqu'à votre majorité. Vous croyez d'ailleurs enlever à cette douce Astasie un mari qui lui convient, vous ne réussirez pas, je vous en avertis. Ah ! ingrate, est-ce là la reconnaissance que vousnous devez ?

Et la veuve, vivement irritée, se retira, emportant avec elle la conviction que mademoiselle de Trencavel était véritablement coupable envers une famille qui l'avait traitée si mal dans son infortune.

Lorsqu'elle fut sortie, Apolline, partagée entre le besoin de se réjouir du succès de sa malice, et l'inquiétude que lui inspirait le reproche de vouloir enlever un amant à Astasie, ne savait comment elle s'y prendrait pour établir son innocence. Il lui était pénible d'avoir à lutter contre d'aussi proches parens ; mais se les rendre agréables au prix qu'ils exigeaient était un acte au-dessus de son courage, un sacrifice auquel elle ne se résoudrait pas. Elle y songeait encore, lorsque Léopold survint. Il crut apercevoir sur le charmant visage d'Apolline les traces d'un chagrin mal déguisé.

— Ainsi, dit-il, au milieu des enivremens de la fortune, ma sœur est tourmentée par des inquiétudes qu'elle ne sait pas vaincre, son cœur a la faiblesse de conserver une passion que son rang condamne. Il ferait beau de voir mademoiselle de Trencavel devenir la femme d'un petit commis marchand.

Ce propos si contradictoire à la conduite tenue la veille au soir par Léopold envers Rinaldi, mécontenta péniblement Apolline, qui ne put s'empêcher de répondre.

— Je voudrais trouver la clé de ta conduite actuelle, et apprendre la cause de cette intimité parfaite avec un homme d'une caste aussi inférieure à la tienne ?

— C'est, ma sœur, que dans ce monde tout est contraste et bizarrerie, que nos fantaisies nous dirigent en tout ; le signor Rinaldi me convient pour ami, et jamais tu ne porteras son nom... Cela te tourmente, tu me boudes, tu pleures ; ainsi ce sont des larmes qui préludent sur ta jolie figure au sourire de bonheur dont elle tardera peu à se parer.

Ce propos encore plus extraordinaire dépita la jeune fille ; elle se mit à dire :

— Ah! Léopold, si je voulais te punir, que cela me serait facile !

— Et par quel moyen !

— En répondant au vieil amour si mystérieux de notre cousin.

— Duquel, s'il vous plaît, mademoiselle?

— En ai-je deux? d'Urbain.

— Toi, la femme de ce spéculateur capable un jour de t'employer en manière de denrée commerciale ; je préfèrerais mille fois t'infliger le nom de la signora Fontoreza.

— Je me déciderais à ce châtiment, repartit Apolline, tandis que Léopold se mettait à rire en la menaçant avec le doigt.

Sur ces entrefaites, le chevalier de Lens parut ; il venait tout empressé, l'air satisfait, et tenant à la main une lettre.

— Je suis heureux, dit-il, de vous trouver l'un et l'autre. Les événemens se pressent avec une singularité bien remarquable, et tandis que d'une part votre grand-oncle se ressouvient de vous, mademoiselle, un second parent répare enfin les torts de son père, et peut-être les siens en particulier; oui, ma chère pupille, votre sort qui s'était éclairci va briller bientôt d'un éclat positif, et parmi les propositions de mariage qui vous sont faites, en voici une qui certes n'éprouvera pas de refus.

Apolline, à cette déclaration, ne se montra pas aussi joyeuse que le chevalier l'aurait souhaité, et, bien qu'elle ignorât encore le nom de ce nouveau poursuivant, il lui suffisait pour en éprouver du souci, qu'il convînt à son second tuteur. Léopold, qui aurait dû manifester quelque curiosité, se maintint dans une indifférence bizarre.

— Oui, poursuivit le chevalier, un époux vous est offert digne de vos qualités, et je ne peux que rendre justice à sa délicatesse; c'est votre cousin-germain, le prince d'Amalfi, qui arrive à Paris, et qui, instruit de mon titre auprès de vous, vient de m'écrire à l'instant même pour me demander une entrevue, et répéter de vive voix ce que sa lettre contient.

Léopold, au nom de Lucio, fit un geste de surprise, mais tellement froid, tellement indifférent qu'on aurait cru que le fait ne l'intéressait en aucune manière ; il n'en fut pas de même de la part d'Apolline : tout en elle témoigna de sa douleur et de son embarras ; elle baissa les yeux, pâlit, et sans répondre, retomba sur son fauteuil.

— Est-ce ainsi ? dit le chevalier de Lens, qui ne put se méprendre à ces signes extérieurs de la situation réelle de l'ame d'Apolline, que vous devez recevoir la réparation de votre parent touchant son crime de négligence? Il se reconnaît coupable, il l'avoue, et certes, son pardon doit être assuré. Où rencontreriez-vous une alliance plus convenable? C'est votre propre sang, il possède des richesses supérieures aux vôtres; il est jeune, et ses qualités rehaussent tant d'avantages ; j'espère que la préférence peu honorable accordée à un homme de rien, que l'enfantillage d'un amour subalterne, se tairont devant un si noble époux... Eh quoi ! Léopold, vous aussi demeurez muet, immobile. Qu'avez-vous ? Je m'y perds.

Et l'expression, que mit le chevalier de

Lens dans ces derniers mots, annonça son mécontentement.

— J'avoue, répondit Léopold, en jetant un regard de pitié sur Apolline, que l'arrivée de notre cher parent est si singulière, si peu prévue, qu'elle a le droit de nous étonner. Quoi ! il quitte Naples, il arrive, et cela pour enlever à son ami une femme que déjà il lui avait destinée. Vous avez lu, monsieur, comme moi, cette pièce confiée au signor Rinaldi Fontoreza...

— Et le prince a senti combien elle était inconvenante ; il en aura rougi lorsque, demeuré seul, il ne se sera plus trouvé sous l'obsession de son ami d'enfance. C'est ainsi que je m'explique ce voyage et cette détermination. Je présume, Léopold, que le désir de votre cousin ne vous trouvera pas contraire ?

— Il me met mal à mon aise, repartit le jeune Trencavel, tandis qu'Apolline, accablée, demeurait silencieuse et souffrante ; car, ne pouvant prévoir les caprices du prince d'Amalfi, j'avais, de mon côté, disposé de la main de ma sœur, et ma parole est pleinement engagée.

— Quoi, sans me prévenir! répliqua le chevalier avec mauvaise humeur, sans vous informer si la chose pourrait ou non me plaire!

— C'est une faute dont je me repens ; mais elle est commise, et lorsque ceux de ma sorte promettent sur leur honneur...

— C'est un incident très-désagréable, dit le chevalier, vivement contrarié ; il ne peut exister de prétendant plus convenable à votre sœur que son noble cousin-germain; et d'ailleurs, est-il sage de vous lier sans l'aveu d'Apolline, sans le mien, sans celui du prince de Montalban?

— Vous avez raison, répondit Léopold, il se peut que j'aie agi avec imprudence; mais comment me sauver du nœud dont je me suis lié?

— Envers qui? demanda le chevalier; je suis certain que votre protégé ne voudra pas aller contre votre famille, et que lui-même reculera en présence du prince d'Amalfi.

— J'en doute, repartit Léopold en riant; et il est bien capable de tenir tête précisément à mon cousin.

— Mais enfin quel est-il?

— Son nom parlera moins que sa personne : quand il se montrera, je gage que mon appui ne lui sera pas seul accordé, d'autres ne lui manqueront pas; et comme cet époux futur est maintenant chez moi à m'attendre, je vais aller le chercher et reviens le présenter à vous, monsieur le chevalier, qui, quoique notre parent de très loin, daignez prendre à nous un intérêt si tendre, et à ma sœur, qui prononcera; car enfin c'est elle qui se marie, et encore faut-il bien que le futur soit à sa convenance.

Léopold salua et partit. Il y avait eu dans ses propos tant de légèreté, tant d'ironie qu'Apolline et le chevalier de Lens en éprouvèrent une surprise que leurs regards d'abord se communiquèrent. Celui-ci, prenant la parole, conjura mademoiselle de

Trencavel de ne pas balancer entre un inconnu, quel qu'il pût être, et le prince d'Amalfi; mais Apolline était charmée d'une division dont Rinaldi profiterait peut-être : or, pour ne point exposer cette espérance, elle se taisait, au grand déplaisir de son tuteur. Il en ressentit une telle impatience qu'il se mit véritablement en colère, jurant par tous les saints du paradis que le prince d'Amalfi ne serait pas mis à l'écart, et que, dès qu'il avouait son tort, la clémence de mademoiselle de Trencavel devait aller jusqu'au mariage.

Ce monologue durait encore, car Apolline s'obstinait à ne pas répondre, lorsque Léopold rentra, non pas seul, mais accompagné de Rinaldi. Le chevalier de Lens fut confondu à tel point de l'apparition de l'Italien, que, persuadé que ce ne pouvait être lui dont avait parlé Trencavel, ses yeux cherchèrent en arrière ce prétendant digne de lutter avec avantage contre le prince d'Amalfi. Apolline, non moins étonnée que lui, ne pouvait croire que son frère fût devenu le protecteur de son amant, et néanmoins leur présence en cette occasion, le bon accord qui semblait régner entre eux, troublaient son cœur en lui laissant apercevoir une heureuse perspective dans cet avenir dont l'imagination dispose à son gré.

L'incertitude d'Apolline, le mécompte du chevalier furent fixés sans retour, lorsque Léopold s'adressant à M. de Lens lui dit qu'il lui demandait la permission de présenter à mademoiselle de Trencavel l'époux futur auquel il avait engagé sa parole.

Un rayon de bonheur brilla dans les regards d'Apolline; ceux du chevalier étincelèrent de courroux.

— Ainsi donc, Léopold, dit celui-ci, votre folie est consommée : c'est là le rival de votre cousin; en vérité, il mérite de l'être. Comment se fait-il que vous ayezsi prodigieusement changé?

— C'est un magicien, répondit Léopold en riant, il a des talismans qu'il emploie et auxquels on ne résiste guère; je ne doute pas que vous-même n'en soyez vaincu.

— Ah! pour ceci, je ne m'en tourmente

guère, repartit le chevalier avec impétuosité. Je déplore votre extravagance : mais la partager? Jamais!

— Dans ce cas, reprit Léopold, et puisqu'il y a partage, force sera de laisser la décision du différend à un arbitre. Le voici tout trouvé (et il désigna sa sœur) : Parle, Apolline; donne ta voix.

— Arrêtez! mademoiselle, dit le chevalier, parvenu au comble de la colère; ne déshonorez pas votre nom en prenant pour mari l'homme que votre grand-oncle ne reconnaîtra jamais pour son neveu.

— Monsieur, dit alors Rinaldi, vous avancez un fait que la suite démentira. Je ne viens pas ici en aventurier, je vous prie de le croire; j'ai déjà l'assentiment du cousin de Naples, celui du comte Léopold de Trencavel, et, j'ose l'espérer, de mademoiselle. Quant à celui du prince de Montalban...

— Ne l'espérez jamais! le prince n'est pas un jeune homme sans cervelle, ni une jeune fille sans modestie.

— Eh bien ! monsieur, répliqua Rinaldi froidement, j'en suis fâché pour vous ; mais la manière dont vous me traitez ne me permet plus de vous ménager la honte d'un désaveu auquel vous ne vous attendez pas. Apprenez donc que j'apporte ici l'autorisation expresse du prince de Montalban, dont vous voulez m'épouvanter.

— L'autorisation du prince de Montalban ! répéta le chevalier avec une voix sourde, et comme s'il eût été confondu.

— Elle-même, dit Rinaldi toujours avec calme.

— Et c'est vous qui en êtes muni.

— Moi, en personne.

— Mes enfans, dit le chevalier, en s'adressant à Léopold et à Apolline, il est heureux pour vous deux que ce fourbe vienne se démasquer complètement de manière à vous convaincre de son imposture. Apprenez d'abord un secret que je me repens de vous avoir caché. Cet imposteur dit que votre grand-oncle approuve ses prétentions....

— Je le répète, et j'en convaincrai monsieur et mademoiselle.

— Eh bien, traître! s'écria le chevalier de Lens, parvenu au plus haut degré d'exaspération possible, meurs de honte... je suis le prince de Montalban !

— Et moi, mon cher et respectable oncle, je suis Lucio, prince d'Amalfi.

FIN.

Imprimerie d'EVERAT, rue du Cadran, 16.

Ouvrages sous presse.

ÉTUDES DE MOEURS ET DE CRITIQUE sur les Poëtes latins de la troisième époque, dite *de décadence*; par M. D. Nisard. 2 vol. in-8°.

DE L'ÉDUCATION DES MÈRES DE FAMILLE, ou de la civilisation du genre humain par les femmes, par L. Aimé Martin. 2 vol. in-8°.

MÉMOIRES DE NAPOLÉON BONAPARTE, 8 à 10 vol. in-8°.

Voici sans aucun doute, la plus importante publication du siècle. Il n'y a point à craindre que l'on puisse confondre les mémoires authentiques du grand homme avec cette multitude de mémoires et de souvenirs que l'on voit paraître chaque jour, *par* ou *sur* les personnages les plus célèbres de l'époque; la seule chose à redouter serait que dans un premier moment, on hésitât à croire à l'existence réelle de ces mémoires à cause même de l'immensité de leur valeur. Tout ce que nous pouvons dire aujourd'hui c'est que les plus incrédules seront convaincus. Ces précieux mémoires ont été achevés à l'île d'Elbe. Rapportés aux Tuileries, ils y ont été laissés dans le cabinet de l'empereur, redevenu le cabinet de Louis XVIII après les cent jours. Depuis ils ont été déposés entre les mains de la personne même à qui Louis XVIII avait confié ses propres mémoires, à l'égard desquels aucun doute ne s'est élevé, aucune réclamation n'a été faite. Ce serait sans doute une puissante garantie, si l'authenticité des mémoires de Napoléon en avait besoin. Certes, ils sont de nature à prouver leur origine par les faits mêmes qu'ils contiennent. Bientôt le public pourra en juger.

Les Mémoires de Napoléon Bonaparte paraîtront par livraisons de 2 volumes tous les mois. La première livraison sera mise en vente sous quelques jours. Prix : 15 fr.

LE VICOMTE DE BEZIERS, roman historique, par Frédéric Soulié, auteur des *Deux Cadavres*. 2 vol. in-8°, ornés de vignettes.

CABANIS ou LA GUERRE DE SEPT ANS, par Wilibald Alexis, auteur de *Walladmor*. 2 vol. in-8°.

ANNALES SECRÈTES D'UNE FAMILLE pendant 1800 ans, roman historique, par M. Creuzé Delessert. 2 vol. in-8°.

LE CHEMIN LE PLUS COURT, roman par Alphonse Karr. 2 v. in-8°.

L'ABBAYE DU MONT-SAINT-MICHEL, roman historique, par Maximilien Raoul, auteur de l'*Album du Mont-Saint-Michel*. 2 vol. in-8°.

MÉMOIRES DE GEORGES SAND, 1re *livraison*. 2 vol. in-8°.

UN NOUVEAU ROMAN, par Victor Ducange. 4 vol. in-12.

CONTES ET NOUVELLES, par le même. 2 vol. in-12.

ANSELME, roman, par P. Busoni. 2 vol. in-8°.

LA QUIQUENGROGNE, roman, par Victor Hugo. 2 vol. in-8°, ornés de vignettes.

NOUVELLE SÉRIE DE ROMANS ET CONTES PHILOSOPHIQUES, par M. de Balzac. 2 vol. in-8°.

LE PRIVILÈGE, ROMAN HISTORIQUE, par le même, 2 vol. in-8°.

ESQUISSES AMÉRICAINES, par Washington Irving, 2 vol. in-8°.

ÉVERAT, Imprimeur, rue du Cadran, N° 16.

www.ingramcontent.com/pod-product-compliance
Lightning Source LLC
LaVergne TN
LVHW020600110826
845149LV00002B/329

* 9 7 8 2 0 1 1 8 6 9 5 8 6 *